Magic Christmas

Madeleine und Florian Ankner

Magic Christmas

Festliche Rezepte und Geschichten für die Winterzeit

Hölker Verlag

Inhalt

9
Let it snow

Geröstete Süßkartoffel-Möhren-Suppe 10

Blumenkohlsuppe mit Pistazien-Dukkah 13

Winterminestrone mit
Zitronen-Polenta-Croûtons 14

Geröstete Maronen mit Rosmarin
und Honigbutter 17

Hasselback-Kürbisse mit Fetabröseln
und Dip 20

Lachs mit Nusskruste und
Rosmarin-Ofenkartoffeln 23

Gebackenes Orangen-Hähnchen
mit Rosmarinbutter und Cranberrys 29

Bunte-Bete-Tarte-Tatin mit
Frischkäsecreme 33

Geschmorte Rinderrouladen 35

43
O holy Night

Bunte-Bete-Carpaccio 44

Schwarzwurzelsuppe mit Filo-Röllchen 47

Maronensuppe mit Feigen-Orangen-
Gremolata und Knoblauch-Garnelen 50

Wintersalat mit Preiselbeerdressing
und Blauschimmelkäse 53

Ofenforelle mit Mandelbutter
und Wurzelgemüse 57

Festtagsente mit Orangensoße,
Birnen-Rotkohl und Knödeln 63

Boeuf Bourguignon mit Kartoffelpüree 67

Kürbis-Ravioli mit Rosmarinbutter
und Feigen 71

75
Have yourself
a merry
little Christmas

Brownie-Tannenbäumchen 78

Gewürzkuchen mit Birnen 81

Süßkartoffel-Walnuss-Kuchen
mit Chai-Glasur 82

Festlicher Pavlova-Kranz mit
Quark-Sahne-Creme und Himbeersoße 85

Lebkuchen-Hefeschnecken 89

White Christmas Cheesecake 90

Brandteig-Kränze mit Nougatsahne
und Cranberry-Kompott 93

Hefestern mit Gebrannter-
Mandel-Füllung 99

Schwarzwald-Torte
mit Glühwein-Kirschen 103

Eierpunsch-Törtchen
mit Frischkäse-Frosting 108

Wintergrießbrei mit Gewürzbirnen 111

Lebkuchen-Mousse mit
Orangen-Minze-Salat 112

Bratäpfel mit Pumpernickel-Bröseln
und Calvados-Sahne 117

Glühwein-Crumble mit Äpfeln
und Beeren 118

Marzipan-Pannacotta mit
Punschkirschen 121

127

Joy to the World

Espresso-Kardamom-Trüffel 130

Backmischung für Hot Chocolate Cookies 133

Dreierlei Salzmischungen 134

Apfel-Orangen-Konfitüre mit Espresso 137

Lebkuchen-Granola 140

Lebkuchenhaus 145

Marzipanstollen 153

Elisenlebkuchen vom Blech 158

Zitronen-Ingwer-Madeleines 161

Spekulatius-Madeleines 162

Springerle 167

Schokobrot 168

Mandel-Marzipan-Kipferl mit Orange 169

Zimtsterne 172

Schoko-Husarenkrapfen mit Salzkaramell-Füllung 173

Chai-Spitzbuben mit Hagebuttenfüllung 175

179

It's a holly jolly Christmas

Weißer Glühwein 180

Warme Winter-Sangria 183

Wärmender Birnenpunsch 184

Tipsy Rudolph (Cranberry-Thymian-Spritz) 189

Yule Mule (Moscow Mule mit Zimt und Birnen) 190

Frosty the Snowman (Kokos-Orangen-Cocktail mit Granatapfel) 193

The Mistletoe Kiss (Grapefruit Fizz) 194

Vorwort

Wenn es draußen kalt ist und die Tage kürzer werden, dann beginnt für uns die schönste Zeit des Jahres: die Vorweihnachtszeit mit bunt geschmückten Schaufenstern, beleuchteten Straßen und vielleicht dem ersten Schnee des Jahres.

Auch wenn wir beide ganz unterschiedliche Erinnerungen an Weihnachten als Kinder haben, ist doch eines gleich: das wohlig-warme Gefühl, das Plätzchen, Punsch, Lichterketten und Weihnachtsbaum in uns geweckt haben – und auch heute noch wecken. Wir haben das große Glück, Weihnachten schon von klein auf als Fest der Liebe erlebt zu haben, das wir mit unseren Familien verbringen konnten.

Auch heute, der Kinderzeit längst entwachsen und selbst Eltern, schaffen es Advent und Weihnachten immer wieder aufs Neue, uns ein wenig sentimental zu stimmen. Wir denken zurück an unsere Kindheit und erinnern uns an das heimliche Schleichen durch die Wohnung – auf der Suche, ob das Christkind wirklich das sehnlich gewünschte Geschenk vorbeigebracht hat. So manches Versteck wurde über die Jahre zwar entdeckt, Christkind oder Weihnachtsmann hatten wir allerdings nie zu Gesicht bekommen – sosehr wir uns auch angestrengt haben. Heute wissen wir: Der Zauber der Weihnacht liegt vor allem und gerade im Verborgenen. In den Geschichten, die uns unsere Eltern und Großeltern erzählen. In Ritualen und im Vertrauten. Im Heimkommen und darin, ein Zuhause zu haben. In der Vorfreude und in den Stunden, in denen wir uns Zeit nehmen fürs Zusammensein, fürs gemeinsame Backen, Kochen oder Basteln.

Mit unserem Buch möchten wir genau diese magischen Momente in unseren Erinnerungen auflodern lassen, die für uns Weihnachten so besonders gemacht haben, und unsere Ideen als Inspirationen an dich, liebe Leserin, lieber Leser, weitergeben. Alles kann, nichts muss: Das ist uns in der vielleicht schönsten, aber mitunter auch stressigsten Zeit des Jahres wichtig.

Unsere Weihnachtsreise beginnt dabei mit den ersten kalten Tagen, dem ersten Schnee und den Stunden, die wir gemütlich bei gutem Essen und schönen Geschichten in der Wohnung verbringen. Im Advent erfreuen wir uns an süßem Gebäck, backen die ersten Plätzchen, schmücken das Zuhause und bereiten die ersten (essbaren) Geschenke für die Liebsten vor. Dann beginnt die Zeit, in der die letzten Vorbereitungen getroffen werden. Das Menü wird diskutiert, der Tisch wird festlich gedeckt und die Familie trudelt nach und nach ein: Heiligabend ist da!

Nun wünschen wir dir, liebe Leserin, lieber Leser, eine wundervolle Weihnachtszeit, viel Freude, gemütliche und besinnliche Stunden in der schönsten Zeit des Jahres!

Madeleine und Flo

Let it snow

Wenn es draußen kalt und dunkel wird, gibt es nichts
Schöneres, als es sich zuhause gemütlich zu machen und
mit Kerzenschein und Weihnachtsdekorationen die schönste
Zeit des Jahres willkommen zu heißen. Eine wärmende
Mahlzeit sorgt dabei für wohlige Glückseligkeit.

Geröstete Süßkartoffel-Möhren-Suppe

FÜR 4 PERSONEN

· 500 g Süßkartoffeln
· 300 g Möhren
· 4 EL Olivenöl
· Salz
· frisch gemahlener schwarzer
  Pfeffer
· 2 Schalotten
· 2 Knoblauchzehen
· 10 g Ingwer

· 1 TL gemahlene Kurkuma
· ½ TL Paprikapulver (geräuchert)
· 400 ml Kokosmilch
· 1 l Gemüsebrühe
· 1 EL Apfelessig

Außerdem
· 1 Handvoll Mandelblättchen

Den Backofen auf 220 °C vorheizen. Süßkartoffeln und Möhren schälen, würfeln und in einer Schüssel mit 3 EL Olivenöl vermengen. Mit Salz und Pfeffer würzen. Auf einem Backblech verteilen und 25–30 Min. backen, bis die Gemüsestücke gebräunt und weich sind.

Schalotten, Knoblauch und Ingwer schälen und fein hacken. Restliches Öl (1 EL) in einem großen Topf erhitzen und Knoblauch, Schalotten, Ingwer, Kurkuma und Paprikapulver darin anschwitzen.

4 EL der Kokosmilch für das Topping abnehmen. Gemüsebrühe und restliche Kokosmilch angießen. Geröstetes Gemüse in den Topf geben, aufkochen und cremig pürieren. Mit Apfelessig, Salz und Pfeffer abschmecken.

Die Mandelblättchen in einer Pfanne goldbraun rösten. Die Suppe vor dem Servieren mit Kokosmilch beträufeln und mit Mandelblättchen und etwas Pfeffer bestreut servieren.

Blumenkohlsuppe mit Pistazien-Dukkah

FÜR 4 PERSONEN

Für die Suppe
· 1 großer Blumenkohl (ca. 1 kg)
· 3 große Kartoffeln
  (mehligkochend)
· 1 gelbe Zwiebel
· 2 Knoblauchzehen
· 2 EL Olivenöl
  plus etwas zum Braten
· ½ TL gemahlener Kreuzkümmel

· 2 Lorbeerblätter
· 1,3 l Gemüse- oder Hühnerbrühe
· 150 ml Sahne
· Saft von 1 Zitrone
· Salz
· frisch gemahlener schwarzer
  Pfeffer
· etwas Honig zum Beträufeln
  (optional)

Für das Dukkah
· 50 g ungesalzene Pistazienkerne
· 40 g geschälte Sesamsamen
· 1 ½ EL Koriandersamen
· 1 ½ EL Kreuzkümmelsamen
· 1 TL schwarze Pfefferkörner
· 1 TL Salz

Für die Suppe den Blumenkohl putzen und in grobe Stücke schneiden. Einige Röschen für das Topping beiseitelegen. Kartoffeln, Zwiebel und Knoblauch schälen und grob würfeln.

2 EL Öl in einem großen Topf erhitzen. Die Zwiebelwürfel zusammen mit Kreuzkümmel und Lorbeer darin anschwitzen. Blumenkohl, Kartoffeln und Knoblauch zugeben und kurz mitrösten. Brühe angießen und abgedeckt 15–20 Min. sanft köcheln lassen, bis das Gemüse weich ist. Lorbeerblätter herausnehmen, die Suppe fein pürieren. 4 EL der Sahne für das Topping abnehmen. Restliche Sahne angießen und die Suppe mit Zitronensaft, Salz und Pfeffer würzen. Warm halten.

Für das Dukkah die Pistazien in einer kleinen Pfanne bei mittlerer Hitze duftend rösten. Sesam, Koriander und Kreuzkümmel zugeben und 2–4 Min. rösten. Die Mischung zusammen mit Pfefferkörnern und Salz in einem Blitzhacker zerkleinern, bis die Pistazien grob gehackt sind.

Die Blumenkohlröschen für das Topping in Scheiben schneiden und in etwas Öl in einer Pfanne goldbraun rösten. Die Suppe mit Sahne beträufeln und mit Blumenkohl und Dukkah garniert servieren. Nach Belieben mit etwas Honig beträufeln.

Tipp:
Das Dukkah kannst du in einem luftdicht verschlossenen Behälter an einem kühlen Ort eine Woche aufbewahren.

Winterminestrone mit Zitronen-Polenta-Croûtons

FÜR 4 PERSONEN

Für die Polenta-Croûtons
· 500 ml Wasser
· 1 ½–2 TL Salz
· 140 g Instant-Polenta
· Abrieb von 1 Bio-Zitrone
· Saft von ½ Zitrone
· Öl zum Fetten und Braten

Für die Minestrone
· 200 g Wirsing

· 400 g Butternut-Kürbis
· 200 g Staudensellerie
· 3 Möhren
· 2 rote Zwiebeln
· 1 Knoblauchzehe
· 1 Chilischote
· 2 EL Olivenöl
  plus etwas zum Beträufeln
· 1,5 l Gemüsebrühe
· je 4 Zweige Thymian und Salbei

· 2 EL Tomatenmark
· 400 g Tomatenpolpa (Dose)
· 400 g weiße Bohnen (Dose)
· Saft von ½ Zitrone
· Salz
· frisch gemahlener schwarzer
  Pfeffer

Für die Polenta-Croûtons Wasser mit Salz aufkochen. Polenta mit einem Schneebesen einrühren, Hitze reduzieren und die Masse ca. 2 Min. unter ständigem Rühren zu einem dicken Brei kochen. Zitronenabrieb und -saft unterrühren. Vom Herd nehmen.

Eine kleine Auflaufform fetten. Polenta einfüllen und glatt streichen. Etwas abkühlen lassen und abgedeckt mindestens 30 Min. kalt stellen.

Für die Minestrone den Wirsing putzen, den Strunk entfernen und die Blätter in mundgerechte Stücke schneiden. Kürbis schälen, von Samen befreien und in etwa 1 cm große Würfel schneiden. Sellerie putzen und würfeln. Möhren schälen und würfeln. Zwiebeln und Knoblauch schälen, Chili von Samen und Scheidewänden befreien und alles fein hacken.

Olivenöl in einem großen Topf erhitzen. Zwiebeln darin glasig dünsten, Knoblauch zugeben und kurz mitdünsten. Das Gemüse zugeben und einige

Minuten anschwitzen. Brühe angießen, bis das Gemüse gut bedeckt ist. Die Kräuter abbrausen, trocken tupfen, mit Backgarn zu einem Bündel zusammenbinden und mit Tomatenmark, Polpa und Chili zugeben.

Die Suppe 20–25 Min. köcheln lassen, bis das Gemüse gar ist. Die Bohnen kurz vor Ende der Garzeit zugeben. Die Minestrone mit Zitronensaft, Salz und Pfeffer würzen.

In der Zwischenzeit die ausgekühlte Polenta aus der Form nehmen und in Würfel schneiden. Öl in einer Pfanne erhitzen und die Polentawürfel darin goldbraun und knusprig braten.

Die Suppe in tiefen Tellern oder Schalen anrichten, Polenta-Croûtons daraufgeben und mit etwas Olivenöl beträufeln.

Geröstete Maronen mit Rosmarin und Honigbutter

FÜR 4 PORTIONEN

· *500 g Maronen*
· *5 EL weiche Butter*
· *1 EL Honig*
· *4–5 Zweige Rosmarin*

Maronen waschen und 1 Std. vor der Zubereitung in kaltem Wasser einweichen, so lassen sie sich später besser einritzen. Butter und Honig vermengen. Bis zur Verwendung abgedeckt in den Kühlschrank stellen.

Den Backofen auf 220 °C vorheizen. Ein Backblech mit Backpapier belegen und in den Ofen schieben. Die Maronen einzeln auf einem Schneidebrett mit einem scharfen Messer kreuzweise einschneiden, sodass auch das Fruchtfleisch der Marone leicht eingeschnitten ist. Gesalzenes Wasser in einem

Topf aufkochen und die Maronen darin ca. 5 Min. kochen. Abgießen und nass auf das heiße Blech geben. Die Rosmarinzweige darauf verteilen. Die Temperatur auf 180 °C reduzieren und die Maronen 20–25 Min. backen. Das Backblech von Zeit zu Zeit schütteln und die Maronen mit kaltem Wasser besprühen.

Das Blech mit den fertig gebackenen Maronen aus dem Ofen nehmen und sofort mit einem nassen Geschirrtuch abdecken. Die Maronen schälen und mit Honigbutter servieren.

Tipp:

Gib die Maronen vor dem Einschneiden in eine Schüssel mit Wasser, um zu erkennen, ob sie frisch sind. Maronen, die an der Oberfläche schwimmen, sind meist nicht mehr frisch oder könnten von Würmern befallen sein.

Der Maronimann

(aus: Die kleine Hexe)

Die kleine Hexe lenkte den Besen zum nächsten Dorf. Die Höfe waren tief eingeschneit. Der Kirchturm trug eine Pudelmütze von Schnee. Aus allen Schornsteinen stieg der Rauch auf. Die kleine Hexe hörte im Vorüberreiten, wie die Bauern und ihre Knechte in den Scheunen das Korn droschen: rum-pum-pum, rum-pum-pum.

Auf den Hügeln hinter dem Dorf wimmelte es von Kindern, die Schlitten fuhren. Auch Skifahrer waren darunter. Die kleine Hexe sah ihnen zu, wie sie um die Wette bergab sausten.

Kurze Zeit später kam auf der Straße ein Schneepflug gefahren. Dem folgte sie eine Weile nach; dann schloss sie sich einem Schwarm Krähen an, der zur Stadt flog.

Ich will in die Stadt hineingehen, dachte sie, um mich ein wenig warm zu laufen. Inzwischen war es ihr nämlich trotz der sieben Röcke und zwei Paar Fäustlinge jämmerlich kalt geworden.

Den Besen brauchte sie diesmal nicht zu verstecken, sie schulterte ihn. Nun sah sie aus wie ein ganz gewöhnliches altes Mütterchen, das zum Schneeräumen ging. Niemand, der ihr begegnete, dachte sich etwas dabei. Die Leute hatten es alle eilig und stapften mit eingezogenen Köpfen an ihr vorüber.

Gar zu gern hätte die kleine Hexe wieder einmal einen Blick in die Schaufenster der Geschäfte geworfen. Aber die Scheiben waren ganz mit Eisblumen bedeckt. Der Stadtbrunnen war zugefroren und von den Wirtshausschildern hingen lange Eiszapfen. Auf dem Marktplatz stand eine schmale grün gestrichene Holzbude. Davor stand ein eisernes Öfchen; und hinter dem Öfchen stand, mit dem Rücken zur Bude, ein kleines, verhutzeltes Männlein. Das trug einen weiten Kutschermantel und Filzschuhe. Den Kragen hatte es hochgeklappt und die Mütze hatte es tief ins Gesicht gezogen. Von Zeit zu Zeit nieste das Männlein. Die Tropfen fielen dann stets auf die glühende Ofenplatte und zischten.

Das Männlein schnäuzte sich in die Finger. Dann langte es eine Handvoll Kastanien aus dem Bratrohr und tat sie in eine Tüte von braunem Packpapier. Die gab es der kleinen Hexe und sagte: „Da, nimm sie! Aber bevor du sie in den Mund steckst, musst du sie abschälen."

„Danke schön", sagte die kleine Hexe und kostete. „Hm, die sind gut!", rief sie überrascht; und dann meinte sie: „Weißt du, dich könnte man fast beneiden! Du hast eine leichte Arbeit und brauchst nicht zu frieren, weil du am warmen Ofen stehst."

„Sag das nicht!", widersprach das Männlein. „Wenn man den ganzen Tag in der Kälte steht, friert man trotzdem. Da hilft auch das eiserne Öfchen nichts. Daran verbrennt man sich höchstens die Finger, wenn man die heißen Maroni herausholt. – Haptschi! – Aber sonst? Meine Füße sind ein Paar Eiszapfen, sage ich dir! Und die Nase erst! Ist sie nicht rot wie eine Christbaumkerze? Den Schnupfen werde ich nicht mehr los. Es ist zum Verzweifeln!"

Wie zur Bekräftigung nieste das Männlein schon wieder. Es nieste so herzzerreißend, dass die Holzbude wackelte und der Markt davon widerhallte.

Da dachte die kleine Hexe: Dem können wir abhelfen! Wart mal ... Und sie murmelte einen Zauberspruch, aber heimlich.

Dann fragte sie: „Ist dir noch immer kalt an den Zehen?"

„Im Augenblick nicht mehr", sagte das Männlein. „Ich glaube, die Kälte hat etwas nachgelassen. Ich merke es an der Nasenspitze. Wie kommt das nur?"

„Frag mich nicht", sagte die kleine Hexe, „ich muss jetzt nach Hause reiten."

„Nach Hause – reiten?!"

„Habe ich etwas von Reiten gesagt? Du wirst dich verhört haben."

„Muss wohl so sein", überlegte das Männlein. „Auf Wiedersehen!"

„Auf Wiedersehen", sagte die kleine Hexe. „Und danke schön!"

„Bitte sehr, bitte sehr, keine Ursache!"

Bald danach kamen zwei Buben über den Marktplatz gelaufen, die riefen: „Schnell, schnell, Herr Maronimann! Jedem von uns für ein Zehnerl!" „Jawohl, bitte schön, zweimal für ein Zehnerl!"

Der Maronimann griff in das Bratrohr. Aber zum ersten Mal in seinem ganzen langen Maronimannleben verbrannte er sich an den heißen Kastanien nicht die Finger. Er verbrannte sie sich überhaupt nie mehr. Und es fror ihn auch nie mehr an den Zehen. Und auch an der Nase nicht. Der Schnupfen war für alle Zeiten wie weggeblasen. Und wenn er doch einmal wieder niesen wollte, so musste der gute Maronimann eine Prise Schnupftabak nehmen.

Hasselback-Kürbisse mit Fetabröseln und Dip

FÜR 4 PERSONEN

Für die Kürbisse
· *2 Butternut-Kürbisse*
· *1 TL Meersalz*
· *2 Knoblauchzehen*
· *4 EL Olivenöl*
· *3 EL weißer Balsamico*
· *1 EL Honig*
· *Saft von 1 Orange*
· *1 TL Paprikapulver (edelsüß)*

Für den Dip
· *5 EL Crème fraîche*
· *3 EL Frischkäse (Doppelrahmstufe)*
· *2 TL Dijonsenf*
· *Saft von ½ Limette*
· *Salz*
· *frisch gemahlener schwarzer Pfeffer*

Außerdem
· *50 g Nüsse*
· *100 g Feta*
· *Kerne von ½ Granatapfel*
· *1 EL grob gehackte Petersilie*

Den Backofen auf 200 °C vorheizen. Die Kürbisse schälen, halbieren und von den Kernen befreien. Kürbishälften mit der Wölbung nach oben auf ein Brett legen und im Abstand von ca. 5 mm ein-, aber nicht durchschneiden. Das geht am besten, wenn man den Kürbis zwischen 2 Kochlöffel oder Essstäbchen legt.

Eingeschnittene Kürbisse mit der Wölbung nach oben auf ein mit Backpapier belegtes Backblech legen. Mit Meersalz würzen. Knoblauchzehen fein hacken oder reiben. Knoblauch, Olivenöl, Balsamico, Honig, Orangensaft und Paprikapulver in einer Schüssel vermengen. Die Kürbisse großzügig mit der Marinade einpinseln. Im Backofen 30 Min. garen; nach 15 Min. erneut mit Marinade bestreichen.

Für den Dip alle Zutaten in einer Schüssel vermengen. Kalt stellen.

Nach der Garzeit die restliche Marinade über die Kürbisse geben. Die Nüsse grob hacken und darauf verteilen und die Kürbisse weitere 10 Min. backen, bis sie weich sind. 5 Min. vor Ende der Garzeit den zerbröselten Feta auf den Kürbissen verteilen. Die Kürbisse aus dem Ofen nehmen, mit Granatapfelkernen und Petersilie bestreuen und mit dem Dip servieren.

Lachs mit Nusskruste und Rosmarin-Ofenkartoffeln

FÜR 4 PERSONEN

Für die Kartoffeln
· 1 kg Kartoffeln (Drillinge)
· 3 EL Olivenöl
· Salz
· frisch gemahlener schwarzer
  Pfeffer
· 4 Zweige Rosmarin

Für den Lachs
· 1 Knoblauchzehe
· ½ Bund Petersilie
· 30 g Pekannüsse
· 40 g Hasel- oder Walnusskerne
· 3 EL Panko-Semmelbrösel
· 2 EL weiche Butter

· Saft und Abrieb
  von ½ Bio-Zitrone
· Salz
· frisch gemahlener schwarzer
  Pfeffer
· 4 Lachsfilets mit Haut à 200 g

Für die Kartoffeln den Backofen auf 200 °C vorheizen. Kartoffeln waschen und je nach Größe halbieren oder vierteln. Mit Olivenöl vermengen und mit Salz und Pfeffer würzen. Auf einem mit Backpapier belegten Backblech verteilen, Rosmarin zugeben und etwa 20 Min. backen.

Für den Lachs den Knoblauch schälen und fein hacken. Petersilie abbrausen und trocken tupfen. Petersilie und Nüsse hacken und in einer Schüssel mit Knoblauch, Panko, Butter, Zitronenabrieb und -saft vermengen. Mit Salz und Pfeffer würzen. Den Lachs abspülen und trocken tupfen.

Nach 20 Min. die Kartoffeln auf dem Blech etwas zur Seite schieben und den Lachs auf der Hautseite auf das Blech legen. Die Kräuter-Nuss-Mischung gleichmäßig auf dem Fisch verteilen und mit den Händen leicht andrücken. Lachs und Kartoffeln 10–20 Min. backen, bis der Lachs den gewünschten Gargrad erreicht hat.

MAURICE REINHOLD VON STERN

Winterandacht

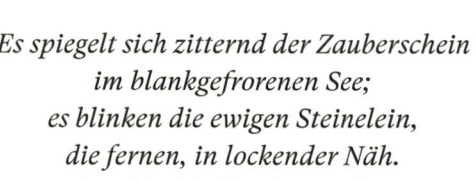

Da glänzt in die schneeige Winternacht
der Mond, verklärend und kalt;
es glitzert in funkelnder Silberpracht
der Reif an den Bäumen im Wald.
O Welt, wie bist du so schön!

Es spiegelt sich zitternd der Zauberschein
im blankgefrorenen See;
es blinken die ewigen Steinelein,
die fernen, in lockender Näh.
O Welt, wie bist du so schön!

Es gleitet des Mondes Schattenstreif
dahin über Dorf und Wald
und lieblich erklingend durch Schnee und Reif
ein silbernes Glöckchen erschallt:
O Welt, wie bist du so schön!

Schneeflöckchen, Weißröckchen

Schneeflöckchen, Weißröckchen,
wann kommst du geschneit?
Du wohnst in den Wolken,
dein Weg ist so weit.

Komm, setz dich ans Fenster,
du lieblicher Stern,
malst Blumen und Blätter,
wir haben dich gern.

Schneeflöckchen, du deckst uns
die Blümelein zu,
dann schlafen sie sicher
in himmlischer Ruh'.

Schneeflöckchen, Weißröckchen,
komm zu uns ins Tal.
Dann bau'n wir den Schneemann
und werfen den Ball.

Gebackenes Orangen-Hähnchen mit Rosmarinbutter und Cranberrys

FÜR 4 PERSONEN

Für das Hähnchen
· 1 Zweig Rosmarin
· 3–4 Salbeiblättchen
· 2 Bio-Orangen
· 1 Knoblauchzehe
· 1 EL Ahornsirup oder Honig
· 4 EL Olivenöl
  plus etwas zum Braten

· 1 TL Salz
· 4 Hähnchenschenkel
· 4 Schalotten
· 300 g kleine Kartoffeln
  (z. B. Drillinge)
· 300 g Süßkartoffeln
· etwas Öl zum Anbraten

Für die Rosmarinbutter
· 3 Zweige Rosmarin
· 100 g Cranberrys
· 70 g Butter

Die Kräuter abbrausen und trocken tupfen. Die Rosmarinnadeln abzupfen und mit den Salbeiblättchen fein hacken. Die Schale von 1 Orange abreiben und den Saft auspressen. Knoblauch schälen, fein reiben und mit Orangenabrieb und -saft, gehackten Kräutern, Ahornsirup, Öl und Salz vermengen.

Hähnchenschenkel abspülen und trocken tupfen. Das Fleisch mit der Orangen-Kräuter-Marinade in einen großen Kunststoffbeutel geben. Den Beutel gut verschließen und die Marinade in das Fleisch einmassieren. Etwa 3 Std. oder über Nacht in den Kühlschrank stellen. Alternativ die Hähnchenschenkel abgedeckt in einer Schüssel marinieren.

Für die Rosmarinbutter Rosmarin abbrausen und trocken tupfen. Cranberrys waschen. Butter in einer Pfanne schmelzen und Rosmarin und Cranberrys bei geringer Hitze etwa 5 Min. darin schwenken.

→ *Fortsetzung auf der nächsten Seite*

Den Backofen auf 200 °C vorheizen. Schalotten schälen und vierteln. Kartoffeln waschen und je nach Größe halbieren oder vierteln. Süßkartoffeln schälen und in mundgerechte Stücke schneiden. Die zweite Orange schälen und in Scheiben schneiden.

Hähnchenschenkel aus der Marinade nehmen. Öl in einer ofenfesten Pfanne erhitzen und die Schenkel von jeder Seite 4–5 Min. scharf anbraten. Aus der Pfanne nehmen. Vorbereitetes Gemüse in die Pfanne geben, Hähnchenschenkel auf dem Gemüse verteilen, Orangenfilets dazwischen legen. Cranberrys und Rosmarin aus der Butter ebenfalls in der Pfanne verteilen. Die Hähnchenschenkel 45 Min. backen. Etwa alle 15 Min. mit Rosmarinbutter bestreichen. Das Hähnchen auf Tellern anrichten und mit Beilagen servieren.

Tipp:
Alternativ kannst du die Hähnchenschenkel auch in einer Auflaufform oder auf dem Backblech zubereiten.

Let it snow

Bunte-Bete-Tarte-Tatin mit Frischkäsecreme

**FÜR 4 PERSONEN
(ALS VORSPEISE)**

Für die Tarte
· 500–600 g gemischte Beten
  (rot, geringelt, gelb)
· 3 EL Apfelessig
· 2 EL Ahornsirup
· 3 EL Olivenöl
· Salz
· frisch gemahlener schwarzer
  Pfeffer
· 2–3 rote Zwiebeln

· 2 EL Butter
· 2 Stück Sternanis
· 1 EL Puderzucker
· 1 Rolle Blätterteig (ca. 250 g)

Für die Frischkäsecreme
· 100 g Frischkäse
  (Doppelrahmstufe)
· 2 EL Joghurt
· einige Thymianblättchen

· ½ TL Currypulver
· Salz
· frisch gemahlener schwarzer
  Pfeffer

Außerdem
1 Handvoll Rucola

Den Backofen auf 200 °C vorheizen. Beten schälen und in dickere Spalten schneiden. Die Spalten auf ein mit Backpapier belegtes Backblech legen. 2 EL Apfelessig, Ahornsirup und Öl vermengen und die Beten damit beträufeln. Mit Salz und Pfeffer würzen. Beten 35–45 Min. im Ofen weich garen.

Zwiebeln schälen und in Spalten schneiden. Butter in einer ofenfesten Pfanne zerlassen. Zwiebelspalten und Sternanis darin anschwitzen. Puderzucker darüberstäuben und leicht karamellisieren lassen. Mit dem restlichen Apfelessig (1 EL) ablöschen.

Sternanis entfernen. Die gegarten Beten mit in die Pfanne geben und gleichmäßig auf dem Pfannenboden verteilen. Mit Salz und Pfeffer würzen.

Blätterteig ausrollen, einen Kreis ausschneiden, der etwas größer ist als die Pfanne, und das Gemüse damit bedecken. Ränder mit den Fingern andrücken und mit einer Gabel kleine Löcher in den Teig stechen. Die Tarte 15–20 Min. goldbraun backen.

Für die Creme Frischkäse mit Joghurt, Thymian, Curry, Salz und Pfeffer glatt rühren.

Rucola waschen. Die Tarte etwas abkühlen lassen und vorsichtig auf einen Teller oder ein Brett stürzen. Rucola darauf verteilen und die Tarte mit der Frischkäsecreme servieren.

Geschmorte Rinderrouladen

FÜR 4 PERSONEN

Für die Rouladen
· 30 g Pinienkerne
· 2 große Gewürzgurken
· 3 Zwiebeln
· 6 Rinderrouladen à 150–200 g
· Salz
· 3 EL scharfer Senf
· frisch gemahlener schwarzer
  Pfeffer
· Paprikapulver (edelsüß)
· 12 Scheiben
  durchwachsener Speck
· 3 EL Olivenöl

Für die Soße
· 2 Knoblauchzehen
· 2 Möhren
· ½ Sellerieknolle
· ½ Stange Lauch
· 1 EL Tomatenmark
· 2 TL Puderzucker
· 300 ml kräftiger Rotwein
· 500 ml Rinderfond
· 2 Lorbeerblätter
· 3 Zweige Rosmarin
· 1 Stück Sternanis
· 1 Zimtstange

· 2–3 Pimentkörner
· 1 EL Speisestärke
· frisch gemahlener schwarzer
  Pfeffer

Außerdem
· Küchengarn oder
  Rouladenklemmen

Für die Rouladen Pinienkerne in einer Pfanne ohne Fett goldbraun rösten. Etwas abkühlen lassen. Gurken längs in Scheiben schneiden. Zwiebeln schälen und klein hacken.

Das Rouladenfleisch abspülen, trocken tupfen und zwischen 2 Lagen Frischhaltefolie mit einer kleinen Pfanne dünn klopfen. Die obere Folie entfernen. Das Fleisch von beiden Seiten leicht salzen, auf einer Seite mit Senf bestreichen, mit Pfeffer und Paprikapulver würzen und mit je 2 Speckstreifen belegen. Die Gurkenscheiben am unteren Ende der Rinderrouladen verteilen.

Drei Viertel der Zwiebelstücke sowie die Pinienkerne auf den Gurkenstreifen verteilen. Die Fleischränder längs etwas über die Füllung klappen und die Fleischscheiben von unten fest zu Rouladen aufrollen. Zusammenbinden oder feststecken.

2 EL Olivenöl in einem großen Bräter erhitzen. Die Rouladen von allen Seiten darin scharf anbraten.

→ Fortsetzung auf der nächsten Seite

Für die Soße Knoblauch, Möhren und Sellerie schälen und grob würfeln. Lauch putzen, der Länge nach halbieren und in Ringe schneiden. Rouladen aus dem Bräter nehmen. Restliches Öl (1 EL) in den Bräter geben und das gewürfelte Gemüse sowie die restlichen Zwiebeln der Rouladenfüllung darin 8–10 Min. dünsten. Tomatenmark und Puderzucker einrühren und mitrösten, bis ein Bodensatz entsteht. Mit Rotwein ablöschen und die Flüssigkeit etwas einkochen lassen.

Rouladen zurück in den Bräter legen. Rinderfond angießen. Lorbeerblätter zugeben und alles bei geringer Hitze zugedeckt 2–2,5 Std. (je nach Dicke der Rouladen) sanft schmoren. Die Rouladen von Zeit zu Zeit wenden und/oder mit Soße übergießen.

Rosmarin abbrausen, trocken tupfen und mit Sternanis, Zimtstange und Pimentkörnern in den Bräter geben. Die Rouladen weitere 30 Min. schmoren.

Die Rinderrouladen aus dem Bräter nehmen. Die Soße durch ein Sieb passieren und 3–5 Min. einkochen lassen. Speisestärke mit kaltem Wasser glatt rühren und die Soße damit binden. Mit Salz und Pfeffer würzen. Rouladen in die Soße legen und abgedeckt im Topf bis zum Servieren ziehen lassen.

Tipp:

Dazu passen selbst gemachtes Kartoffelpüree (siehe S. 67), Spätzle oder Salzkartoffeln.

Let it snow

Der Weihnachtsbaum

Der Weihnachtsbaum, mit Silber- und Goldketten, Fähn-
chen, Netzen und Sternen und mancher verlockenden
Frucht behangen, strahlt mir entgegen, ach, nimmer so
herrlich wie einst, da sein Glanz durch
das ganze Jahr einen wärmenden Schein breitete und schon
lange vorher beim Ausblasen einer Wachskerze das Herz in
süßem, ahnungsvollem Schauer erbebte:
„Es riecht nach Weihnachten.“

O holy Night

Das perfekte Weihnachtsmenü sieht für jeden anders aus, aber egal ob Fleisch, Fisch oder vegetarisch: Weihnachten ist das Fest der Liebe und die geht ja bekanntlich durch den Magen.

Bunte-Bete-Carpaccio

mit Blutorangenvinaigrette, Ziegenkäsecreme und karamellisierten Walnüssen

FÜR 4 PERSONEN

Für das Carpaccio
· 4–5 bunte Beten
  (gelb, rot, geringelt)
· 2 Handvoll Walnusskerne
· Puderzucker zum Bestäuben
· 1–2 Birnen
· ½ EL Öl

Für das Dressing
· Abrieb und Saft
  von 1 Bio-Blutorange
· 6 EL Olivenöl
· 3 EL Apfelessig
· 1 EL Ahornsirup
· Salz
· frisch gemahlener schwarzer
  Pfeffer

Für die Ziegenkäsecreme
· 150 g Ziegenfrischkäse
· Salz
· frisch gemahlener schwarzer
  Pfeffer

Außerdem
· Spritzbeutel mit mittel-
  großer Tülle
· 1 Handvoll Petersilienblättchen

Für das Carpaccio die Beten schälen und fein hobeln oder mit einem scharfen Messer sehr dünn aufschneiden; die Scheiben sollten so dünn sein, dass sie durchscheinend sind. Die Roten Beten am besten zum Schluss hobeln, damit sich nicht alles verfärbt. Die Scheiben in getrennte Schüsseln geben.

Für das Dressing alle Zutaten in einer Schüssel vermengen. Mit Salz und Pfeffer würzen. Das Dressing auf den Bete-Scheiben verteilen. Abgedeckt im Kühlschrank mindestens 1 Std. ziehen lassen.

Walnusskerne in einer Pfanne leicht rösten, mit etwas Puderzucker bestäuben und den Zucker bei mittlerer Hitze karamellisieren. Aus der Pfanne nehmen und abkühlen lassen.

Die Birnen waschen, in dünne Scheiben schneiden und die Kerne entfernen; das Kerngehäuse nicht herausschneiden. Öl in einer Pfanne erhitzen und die Birnenscheiben darin scharf rösten. Nach etwa 30 Sek. mit etwas Puderzucker bestäuben und den Zucker karamellisieren lassen.

Für die Ziegenkäsecreme den Ziegenfrischkäse mit Salz und Pfeffer verrühren.

Die Beten mit den Birnenscheiben auf Tellern anrichten. Ziegenkäsecreme in den Spritzbeutel füllen und in Tupfen zwischen die Gemüsescheiben spritzen. Walnusskerne grob hacken und auf dem Carpaccio verteilen. Etwas Dressing über das Carpaccio träufeln und mit frisch gemahlenem Pfeffer und Petersilienblättchen garniert servieren.

Schwarzwurzelsuppe mit Filo-Röllchen

FÜR 4 PERSONEN

Für die Suppe
- 100 g geräucherter Bauchspeck
- 250 g Kartoffeln (mehligkochend)
- 2 Zwiebeln
- 2 Knoblauchzehen
- 800 g Schwarzwurzeln
- Saft von ½ Bio-Zitrone
- 2 EL Öl
- 1,2 l Gemüsebrühe

- 2 Lorbeerblätter
- 100 ml Sahne
- Salz
- frisch gemahlener schwarzer Pfeffer
- frisch geriebene Muskatnuss

Für die Filo-Röllchen
- 3–4 Backpflaumen
- 200 g Ziegenfrischkäse
- 200 g Frischkäse (Doppelrahmstufe)
- Abrieb von ½ Bio-Orange
- 1 TL getrockneter Thymian
- Salz
- frisch gemahlener schwarzer Pfeffer
- 1 Rolle Filoteig (250 g)
- 1 Ei

Für die Suppe den Speck grob würfeln. Kartoffeln, Zwiebeln und Knoblauch schälen und ebenfalls grob würfeln. Schwarzwurzeln gründlich waschen. Eine Schüssel mit Wasser füllen und den Zitronensaft zugeben. Schwarzwurzeln schälen und klein schneiden, dabei Einweghandschuhe tragen. Die Schwarzwurzelstücke sofort in das Zitronenwasser geben, damit sie sich nicht verfärben.

Öl in einem großen Topf erhitzen und den Speck darin knusprig braten. Speckstücke herausnehmen und beiseitestellen. Zwiebeln und Knoblauch in den Topf geben und im heißen Fett einige Minuten glasig dünsten. Restliches Gemüse zufügen und kurz anschwitzen. Die Brühe angießen. Lorbeerblätter zugeben, die Suppe kurz aufkochen und abgedeckt 15–20 Min. bei mittlerer Hitze köcheln lassen, bis das Gemüse gar ist. Lorbeer herausnehmen und die Suppe fein pürieren. Sahne angießen. Mit Salz, Pfeffer und Muskat würzen und warm halten.

Für die Filo-Röllchen den Backofen auf 180°C vorheizen. Die Pflaumen klein hacken und mit Ziegenfrischkäse, Frischkäse, Orangenabrieb und Thymian mischen. Mit Salz und Pfeffer würzen.

Je ein Teigblatt in der Mitte falten und 1 ½–2 EL der Frischkäsemasse länglich auf den unteren Teil des Teigs geben. Das obere Drittel des Teiges mit verquirltem Ei bestreichen, die Seitenränder über die Füllung klappen und den Teig nach oben hin einrollen. Mit den anderen Teigblättern genauso verfahren.

Die Filo-Röllchen mit dem Verschluss nach unten auf ein mit Backpapier ausgelegtes Backblech legen, mit Ei bestreichen und 15–20 Min. goldbraun backen. Zur Suppe servieren.

Papiersterne
basteln

FÜR 1 STERN

· 7–9 Butterbrottüten, Größe nach Belieben
· Klebestift
· Schere
· einen etwa 1 cm breiten Streifen fester,
weißer Karton
· Locher
· Band zum Aufhängen

Eine Butterbrottüte mit der Öffnung nach oben auf den Tisch legen. Mit einem Klebestift ein umgedrehtes T auf die Tüte malen, also mittig einen Strich von oben nach unten und am unteren Rand einen Strich von links nach rechts ziehen. Zweite Tüte aufkleben. Alle Tüten auf diese Weise aufeinander kleben.

Mit einem Bleistift das gewünschte Stern-Motiv aufzeichnen und mit einer Schere ausschneiden. Bei größeren Papiertüten kann es Sinn machen, immer nur 3 oder 4 Tüten aufeinander zu kleben, damit das Schneiden nicht so schwerfällt.

Die erste und letzte Papiertüte längs mittig mit einem Streifen Karton verstärken. Den Stern auffächern, die Spitzen übereinanderlegen und lochen. Ein Band durch das Loch ziehen und den Stern aufhängen.

Maronensuppe mit Feigen-Orangen-Gremolata und Knoblauch-Garnelen

FÜR 4 PERSONEN

Für die Suppe
· 1 Zwiebel
· ½ süß-säuerlicher Apfel
  (z. B. Holsteiner Cox, Boskop)
· 2 EL Rapsöl
· 300 g Maronen,
  geschält und vorgekocht
· 125 ml Weißwein
· 500 ml Gemüsebrühe
· 1 Stück Sternanis
· 200 ml Sahne
· Saft von ½ Bio-Orange

· Salz
· frisch gemahlener schwarzer
  Pfeffer

Für die Gremolata
· ½ Knoblauchzehe
· 3–4 getrocknete Feigen
· 25 g Parmesan
· 4–5 EL fein gehackte Petersilie
· Saft- und Abrieb
  von ½ Bio-Orange
· Salz

· frisch gemahlener schwarzer
  Pfeffer

Für die Garnelen
· 200 g Garnelen (küchenfertig)
· 3 Knoblauchzehen
· 3 EL Olivenöl
· 1 TL Chiliflocken
· 4 EL Weißwein

Für die Suppe die Zwiebel schälen und grob würfeln. Apfel schälen, vom Kerngehäuse befreien und in Stücke schneiden. Öl in einem Topf erhitzen und die Zwiebel darin bei mittlerer Hitze anschwitzen. Die Maronen grob hacken, zusammen mit den Apfelstücken in den Topf geben und kurz rösten. Mit Weißwein ablöschen. Den Wein etwas reduzieren lassen. Gemüsebrühe angießen. Sternanis zugeben und die Suppe abgedeckt etwa 15 Min. köcheln lassen.

In der Zwischenzeit für die Gremolata den Knoblauch schälen. Feigen und Knoblauch möglichst fein hacken, Parmesan fein reiben. Alle Zutaten mit der Petersilie in einer Schüssel mischen, mit Orangenabrieb und -saft vermengen und mit Salz und Pfeffer würzen.

Sahne zur Maronensuppe geben und die Suppe fein pürieren. Orangensaft einrühren und mit Salz und Pfeffer würzen. Die Suppe warm halten.

Die Garnelen abspülen und trocken tupfen. Knoblauch schälen und in dünne Scheiben schneiden. Die Knoblauchscheiben in einer Pfanne in Olivenöl bei mittlerer Hitze kurz anschwitzen, aber nicht bräunen. Garnelen und Chiliflocken zugeben und 3–4 Min. braten, bis die Garnelen gar sind. Weißwein angießen und 1–2 Min. köcheln lassen.

Die Suppe in tiefen Tellern oder Schalen anrichten und mit der Gremolata und den Garnelen servieren.

Wintersalat mit Preiselbeerdressing und Blauschimmelkäse

FÜR 4 PERSONEN

Für den Salat
· 1 Handvoll Walnusskerne
· 2 EL Kürbiskerne
· 1 ½ EL Honig
· Salz
· Cayennepfeffer
· 80 g Parmaschinken
  (oder anderer Rohschinken)

· 200 g Feldsalat
  und/oder Blattsalat-Mix
· 1 Orange
· 1 Apfel
· 100 g Blauschimmelkäse
  (z. B. Roquefort)

Für das Dressing
· 4 EL natives Rapsöl
· 2 EL Rotweinessig
· 2 EL Preiselbeerkonfitüre
· Salz
· frisch gemahlener schwarzer
  Pfeffer

Den Backofen auf 180 °C vorheizen. Walnusskerne und Kürbiskerne in einer Schüssel mit Honig, Salz und Pfeffer vermengen und auf einem mit Backpapier belegten Backblech verteilen. Schinkenscheiben flach um die Nüsse herum auf dem Blech verteilen. 8–10 Min. backen, bis der Schinken kross und die Nüsse geröstet sind.

In der Zwischenzeit für das Dressing Öl, Essig und Preiselbeerkonfitüre verquirlen. Mit Salz und Pfeffer würzen.

Den Feldsalat waschen und trocken schleudern. Die Orange schälen und das Fruchtfleisch filetieren. Den Apfel vierteln, vom Kerngehäuse befreien und in dünne Scheiben schneiden. Salat in einer Schüssel mit Orangenfilets, Apfelscheiben und Dressing vermengen und mit den gerösteten Nüssen, Schinken und zerbröseltem Blauschimmelkäse bestreut servieren.

Knecht Ruprecht

Von drauß' vom Walde komm ich her,
ich muss euch sagen, es weihnachtet sehr!
Allüberall auf den Tannenspitzen
sah ich goldene Lichtlein sitzen;
und droben aus dem Himmelstor
sah mit großen Augen das Christkind hervor.

Und wie ich so strolcht durch den finstern Tann,
da rief's mich mit heller Stimme an:
„Knecht Ruprecht", rief es, „alter Gesell,
hebe die Beine und spute dich schnell!
Die Kerzen fangen zu brennen an,
das Himmelstor ist aufgetan,

Alt und Junge sollen nun
von der Jagd des Lebens einmal ruhn;
und morgen flieg ich hinab zur Erden,
denn es soll wieder Weihnachten werden!"
Ich sprach: „O lieber Herre Christ,
meine Reise fast zu Ende ist;
ich soll nur noch in diese Stadt,
wo's eitel gute Kinder hat."

„Hast denn das Säcklein auch bei dir?"
Ich sprach: „Das Säcklein, das ist hier:
Denn Äpfel, Nuss und Mandelkern
essen fromme Kinder gern."

„Hast denn die Rute auch bei dir?"
Ich sprach: „Die Rute, die ist hier;
doch für die Kinder nur, die schlechten,
die trifft sie auf den Teil, den rechten."
Christkindlein sprach: „So ist es recht;
so geh mit Gott, mein treuer Knecht!"

Von drauß' vom Walde komm ich her;
ich muss euch sagen, es weihnachtet sehr!
Nun sprecht, wie ich's hierinnen find!
Sind's gute Kind, sind's böse Kind?

Ofenforelle mit Mandelbutter und Wurzelgemüse

FÜR 4 PERSONEN

Für die Forelle
· 4 Forellen à 350 g
  (küchenfertig)
· 4 Knoblauchzehen
· 1 Bund Petersilie
· 400 g Frischkäse
  (Doppelrahmstufe)
· Salz
· frisch gemahlener schwarzer
  Pfeffer
· 2 Bio-Zitronen
· etwas Mehl zum Wälzen
· 3 EL Öl zum Anbraten

Für die Marinade
· 2 EL Honig
· 6 EL Olivenöl
· 4 EL weißer Balsamico
· 1 Knoblauchzehe
· 60 g Rosinen
· ½ TL Fenchelsamen
· Salz
· frisch gemahlener schwarzer
  Pfeffer

Für das Gemüse
· 2 kleine Rote Beten
· 4 bunte Möhren

· 2 Pastinaken
· 300 g kleine Kartoffeln
  (z. B. Drillinge)
· 2 rote Zwiebeln
· je 4 Zweige Rosmarin
  und Thymian

Für die Mandelbutter
· 3 EL Mandelblättchen
· 2 EL Butter
· 1 Spritzer Zitronensaft

Außerdem
· Meersalz zum Bestreuen

Die Forellen abspülen, trocken tupfen und innen salzen und pfeffern. Knoblauch schälen und in dünne Scheiben schneiden. Petersilie abbrausen, trocken tupfen, die Blättchen abzupfen, hacken und mit Frischkäse, Salz und Pfeffer vermengen. Zitronen heiß abspülen und in Scheiben schneiden.

Den Backofen auf 200 °C vorheizen. Die Forellen mit je 3–4 Zitronenscheiben, Knoblauch sowie Frischkäsemasse füllen. Beidseitig gut in Mehl wälzen.

Für die Marinade Honig, Öl und Essig vermengen. Knoblauch schälen, fein hacken und mit Rosinen und Fenchelsamen unterrühren. Mit Salz und Pfeffer würzen.

Für das Gemüse Rote Beten waschen, schälen und in dünne Spalten schneiden. Möhren und Pastinaken schälen und längs halbieren bzw. vierteln. Kartoffeln waschen und mit Schale halbieren. Zwiebeln schälen und in Spalten schneiden. Rosmarin und Thymian abbrausen und trocken tupfen.

→ *Fortsetzung auf der nächsten Seite*

Das Gemüse auf einem mit Backpapier belegten Blech verteilen. Mit der Marinade beträufeln. Rosmarin und Thymian auf dem Blech verteilen. 20 Min. backen.

In der Zwischenzeit Öl in einer Pfanne erhitzen und die Forellen darin bei mittlerer Hitze je 3 Min. pro Seite goldbraun braten. Die Backofentemperatur auf 180 °C reduzieren. Die Forellen auf das Gemüsebett legen und etwa 10 Min. mitbacken.

Für die Mandelbutter die Mandelblättchen in einer Pfanne ohne Fett goldbraun rösten. Herausnehmen und beiseitestellen. Butter in der Pfanne schmelzen und leicht bräunen. Mandeln und Zitronensaft zugeben, warm halten.

Forellen und Gemüse aus dem Ofen nehmen und eine Garprobe durchführen. Dazu die Rückenflosse der größten Forelle herausziehen. Ist das Fleisch an den Gräten gar, ist auch der restliche Fisch gar. Die Forellen mit etwas Mandelbutter übergießen und mit etwas Meersalz bestreuen. Die restliche Mandelbutter mit Forellen und Gemüse servieren.

Festtagsente mit Orangensoße, Birnen-Rotkohl und Knödeln

FÜR 4 PERSONEN

Für die Ente
· 3 Bio-Orangen
· 3–4 weibliche Barbarie-
  Entenbrüste
· 2 EL Honig
· 2 EL Orangenlikör
· ½ TL getrockneter Estragon
· 2 Zweige Thymian
· Salz

Für den Rotkohl
· 800 g Rotkohl
· Salz
· Saft von 1 Zitrone
· 2 Birnen

· 1 Gemüsezwiebel
· 1 EL Rapsöl
· 300 ml trockener Rotwein
· 150 ml Birnensaft
· 2 EL Rotweinessig
· 5 Gewürznelken
· 4 Pimentkörner
· 5 schwarze Pfefferkörner
· 2 Lorbeerblätter
· 2–3 EL Preiselbeerkonfitüre
· frisch gemahlener schwarzer
  Pfeffer

Für die Semmelknödel
· 4 Weizenbrötchen
  vom Vortag à 60 g
· 1 große Gemüsezwiebel
· 2–3 EL Butter
· 3 EL fein gehackte Petersilie
· 200 ml Milch
· 2 Eier (Größe M)
· 1 TL Salz
· frisch gemahlener schwarzer
  Pfeffer
· frisch geriebene Muskatnuss

FÜR DIE ENTE

2 Orangen mit einem Zestenreißer schälen und die Zesten fein hacken. Die beiden Orangen auspressen. Die dritte Orange schälen und filetieren. Den Backofen auf 90 °C Umluft vorheizen.

Die Entenbrüste abspülen, trocken tupfen und die Hautseite mit einem scharfen Messer rautenförmig einschneiden, dabei nicht ins Fleisch schneiden. Entenbrüste in einer Pfanne ohne Fett mit der Hautseite nach unten bei mittlerer Hitze ca. 2 Min. anbraten. Wenden und 2 Min. auf der Fleischseite braten. Herausnehmen und kräftig salzen. Die Brüste in einer feuerfesten Form in den Ofen geben und ein Kernthermometer von der Seite bis in die Mitte der Entenbrust stechen. Im Kern auf 60 °C stellen.

→ Fortsetzung auf der nächsten Seite

Das Fett aus der Pfanne abgießen. Honig in die noch heiße Pfanne geben und karamellisieren. Orangenzesten zugeben. Mit dem Orangenlikör ablöschen und flambieren. Orangensaft, Estragon und Thymian zufügen. Den Orangensaft dickflüssig reduzieren. Zum Schluss die Orangenfilets zugeben und erwärmen.

Entenbrüste aus dem Backofen nehmen, kurz ruhen lassen, in Tranchen schneiden und zusammen mit dem Rotkohl und den Knödeln servieren.

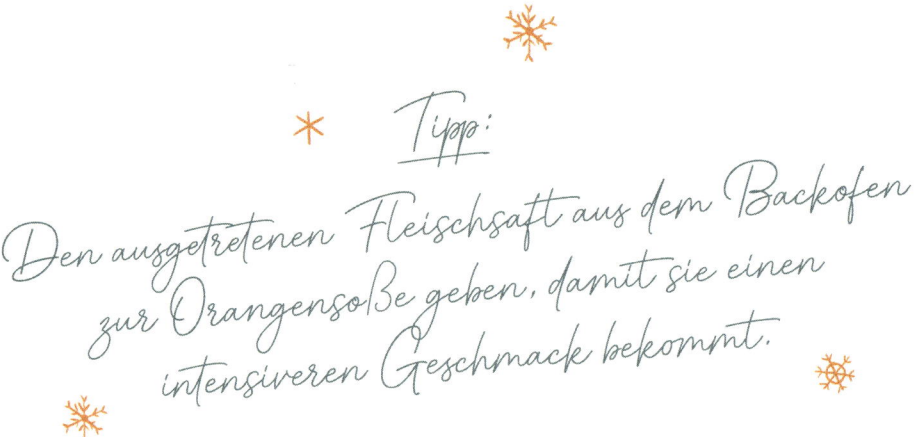

Tipp:
Den ausgetretenen Fleischsaft aus dem Backofen zur Orangensoße geben, damit sie einen intensiveren Geschmack bekommt.

FÜR DEN BIRNEN-ROTKOHL

Rotkohl vom Strunk befreien und fein hobeln oder schneiden. Mit Salz und Zitronensaft vermengen und einige Minuten kräftig kneten. 30 Min. ruhen lassen.

Birnen schälen, vierteln, vom Kerngehäuse befreien und würfeln. Zwiebel schälen und fein würfeln. Öl in einem großen Topf erhitzen. Zwiebel darin bei mittlerer Hitze glasig dünsten. Birnen und Rotkohl zugeben und kurz mitdünsten.

Rotwein, Birnensaft, 200 ml Wasser und Essig zugeben. Gewürze in einem Gewürzsäckchen in den Topf geben. Aufkochen, Hitze reduzieren und den Kohl abgedeckt ca. 1 Std. köcheln lassen; von Zeit zu Zeit umrühren und bei Bedarf etwas Flüssigkeit zugeben. Falls der Kohl noch nicht weich ist, ggf. etwas länger garen. Gewürze entfernen, Preiselbeerkonfitüre einrühren. Mit Salz und Pfeffer würzen.

FÜR DIE SEMMELKNÖDEL

Brötchen in kleine Würfel schneiden. Die Zwiebel schälen und fein würfeln. Die Butter in einer Pfanne schmelzen, die Zwiebel darin glasig anschwitzen. Petersilie zugeben und kurz dünsten. Die Milch in einem kleinen Topf erwärmen, aber nicht kochen. Die Brötchenwürfel in einer Schüssel mit der Milch übergießen. Butter-Zwiebel-Mischung mit den Händen untermengen. 10 Min. ziehen lassen. Eier untermengen und den Teig kräftig mit Salz, Pfeffer und Muskatnuss würzen. Ist der Knödelteig zu weich, etwas Semmelbrösel zugeben. Ist er zu fest, noch etwas Milch untermengen.

Salzwasser in einem großen Topf aufkochen. Mit feuchten Händen 8 tennisballgroße Knödel formen. Die Knödel in das kochende Salzwasser geben und die Hitze sofort reduzieren. Die Knödel 20 Min. ziehen lassen (nicht kochen).

Boeuf Bourguignon mit Kartoffelpüree

FÜR 4 PERSONEN

Für Fleisch und Soße
· 2 Zwiebeln
· 2 Möhren
· 1 Stange Lauch
· 1 kg Rinderschulter
· Salz
· frisch gemahlener schwarzer
  Pfeffer
· 2 Zweige Thymian
· 2 Stängel Petersilie
· 2 Zweige Rosmarin
· 2 Lorbeerblätter
· Rapsöl zum Anbraten

· 1 ½ EL Mehl
· 750 ml trockener Rotwein
  aus dem Burgund
· ca. 400 ml Rinderfond

Für die Burgundische Garnitur
· 150 g durchwachsener Speck
· 200 g Champignons
· 150 g Perlzwiebeln,
  alternativ kleine Schalotten
· 2 kleine Möhren
· 2 EL Butter

Für das Kartoffelpüree
· 400 g Kartoffeln
  (mehligkochend)
· 60 ml Vollmilch
· 100 g Butter
· 1–2 TL Salz

Außerdem
· 1 EL Petersilie zum Servieren

Für das Boeuf Bourguignon Zwiebeln und Möhren schälen, den Lauch putzen. Eine Zwiebel fein, die andere grob würfeln. Möhren und Lauch in grobe Stücke schneiden. Das Fleisch abspülen, trocken tupfen und in 3–4 cm große Würfel schneiden, mit Salz und Pfeffer würzen. Die Kräuter abbrausen, trocken tupfen und mit Küchengarn zusammenbinden.

Öl in einem großen, weiten Topf erhitzen und das Fleisch darin von allen Seiten scharf anbraten. Mehl darüberstäuben und unter Rühren anschwitzen. Das Gemüse zugeben und kurz rösten.

Wein angießen und einige Minuten wallend kochen lassen. Die Kräuter zugeben. Rinderfond angießen, bis das Fleisch gerade so bedeckt ist. Kurz aufkochen, anschließend bei geringer Hitze zugedeckt 2–2,5 Std. sanft köcheln lassen, dabei gelegentlich umrühren. Das Fleisch ist perfekt, wenn es auf leichten Druck auseinanderfällt.

→ *Fortsetzung auf der nächsten Seite*

In der Zwischenzeit für die Burgundische Garnitur die Schwarte vom Speck entfernen und den Speck in 1 cm breite Streifen schneiden. Champignons putzen und je nach Größe vierteln, halbieren oder ganz lassen. Die Perlzwiebeln schälen. Möhren schälen und schräg in dünne Scheiben schneiden. Butter in einer Pfanne zerlassen. Die Perlzwiebeln bei mittlerer Hitze darin einige Minuten goldbraun rösten. Herausnehmen und beiseitestellen. Nun den Speck anbraten, anschließend Pilze und Möhren zugeben und anschwitzen.

Für das Kartoffelpüree die Kartoffeln schälen, grob würfeln, 15–20 Min. kochen und sofort heiß durch ein Sieb streichen. In einem zweiten Topf Milch und Butter erwärmen und zu den heißen Kartoffeln geben. Mit Salz würzen und kurz umrühren. Nicht zu lange rühren, sonst wird das Kartoffelpüree gummiartig.

Das Fleisch vorsichtig aus dem Topf nehmen und beiseitestellen. Das Kräuterbündel entfernen, die Soße durch ein Sieb passieren. Soße und Fleisch zurück in den Topf geben und ohne Deckel ca. 30 Min. (bei Bedarf auch länger) köcheln, bis die Soße sämig ist. Mit Salz und Pfeffer abschmecken. Die Burgundische Garnitur ca. 10 Min. vor dem Servieren zum Boeuf Bourguignon geben und ziehen lassen. Auf Tellern anrichten und zum Servieren mit gehackter Petersilie bestreuen.

Kürbis-Ravioli mit Rosmarinbutter und Feigen

FÜR 4 PERSONEN

Für das Kürbispüree
· 1 Hokkaido-Kürbis (ca. 400 g)

Für den Teig
· 100 g Kürbispüree
· 4 Eier (Größe M; ca. 200 g)
· 400 g Mehl (Type 00)
· 50 g Semola

Für die Füllung
· ca. 140 g Kürbispüree
· 40 g Parmesan, gerieben
· 140 g Ricotta
· 3 EL gebräunte Butter

Für die Rosmarinbutter
· 3–4 getrocknete Feigen
· 2–3 Zweige Rosmarin
· 100 g Butter

Außerdem
· Nudelmaschine
· Teigrad oder Ravioliausstecher
· frisch geriebener Parmesan
  zum Bestreuen
· Salz
· frisch gemahlener schwarzer
  Pfeffer
· 1 Handvoll Haselnusskerne,
  grob gehackt

Für das Kürbispüree den Backofen auf 200 °C vorheizen. Den Kürbis halbieren, von den Kernen befreien und in gleich breite Spalten schneiden. Die Kürbisspalten auf ein mit Backpapier ausgelegtes Backblech legen und 30–40 Min. backen, bis sie weich sind; am besten mit einem spitzen Messer oder einer Gabel prüfen. Leicht abkühlen lassen und pürieren. Das Püree auskühlen lassen.

Für den Teig Kürbispüree in einer Schüssel mit den Eiern gut vermengen. In einer separaten Schüssel Mehl und Semola mischen. Die Mehlmischung mit einer Gabel nach und nach in die Kürbis-Ei-Masse einarbeiten. Den Teig auf der Arbeitsfläche 10–15 Min. verkneten, bis er geschmeidig ist. Der Teig ist durch das Kürbispüree etwas weicher als herkömmlicher Pastateig. Sollte er zu trocken sein, etwas Kürbispüree oder Wasser zugeben.

Den Teig in Frischhaltefolie wickeln und mindestens 30 Min. bei Zimmertemperatur ruhen lassen. Wer den Pastateig vorbereiten möchte, kann ihn über Nacht im Kühlschrank aufbewahren.

→ *Fortsetzung auf der nächsten Seite*

Für die Füllung Kürbispüree mit Parmesan, Ricotta und gebräunter Butter vermengen. Die Masse bis zur Verwendung kalt stellen.

Den Pastateig mit der Nudelmaschine in 2–3 mm dünne Bahnen ausrollen. Auf die Hälfte der Bahnen in regelmäßigen Abständen jeweils 1 TL Füllung setzen und den Teig rund um die Füllung mit etwas Wasser befeuchten. Eine zweite Teigbahn darüberlegen und den Teig vorsichtig festdrücken; dabei darauf achten, dass keine Luft eingeschlossen wird, damit die Ravioli beim Garen nicht aufplatzen. 45–50 Ravioli mit einem Teigrad ausschneiden oder mit einem Ravioliausstecher ausstechen.

Für die Rosmarinbutter Feigen klein würfeln, Rosmarinzweige abbrausen und trocken tupfen. Butter in einer großen Pfanne schmelzen. Rosmarin und Feigen zugeben.

Salzwasser in einem großen Topf aufkochen. Die Ravioli darin garen, bis sie an die Oberfläche steigen. Mit einem Schaumlöffel herausnehmen, abtropfen lassen und in der Butter schwenken. Auf Tellern anrichten und mit frisch geriebenem Parmesan, Haselnusskernen, Salz und Pfeffer bestreut servieren.

Tipp:

Das Kürbispüree hält im Kühlschrank 3-5 Tage. Auf Vorrat zubereitet kannst du es portionsweise einfrieren.

O holy Night

Have yourself a merry little Christmas

In der Weihnachtszeit gibt es so viele wunderbare Gewürze und Naschereien, die nur darauf warten, in leckere Kuchen oder Desserts verwandelt zu werden. Egal ob nach einem langen Tag, einem hervorragenden Festmahl oder einfach mal so: Zu diesen süßen Speisen können wir einfach nicht *nein* sagen!

Backen

Der Advent hat seinen eigenen Duft. Fast in jeder Wohnung spürt man ein Rüchlein davon: Kripperlrinde, Tannenzweige, Wachs und vor allem in den Küchen und Gängen von Mal zu Mal genau vertraute Geschmäcklein nach Weihnachtsgebackenem, nach Zucker und gewürztem Teig, nach Zitronat, Mandeln, Maronen, Arrak ... In den Bürgerhäusern ist noch aus Urgroßmutters Tagen ein vergilbtes, stockfleckiges Heft da. Die Schrift darin ist mit Liebe und Sorgfalt, mit kleinen biedermeierlichen Schnörkeln gesetzt, alte Maße und Gewichte finden sich: ein „Maßl" Mehl, zehn „Loth" Zucker, ein „Deka" Muskat, ein bisschen umständlich ist alles beschrieben: „Man nehme" ... „alsdann tue man" ... „rühre das Ganze emsig und gut ineinander" ...

Dann wechselt die Schrift: Großmutter hat das Buch fortgeführt, die Mutter hat es ergänzt. Ein Geschlecht von Schriften, ein Geschlecht von Köchinnen. Zwischenhinein haben Kinderfinger, die nun auch längst alt und knorpelig geworden sind, ihr Krikelkrakel gemalt. Für Marzipan, Butterteig, Haselnuss, Zimtsterne, für drei Dutzend guter Weihnachtssachen ist hier der rechte Wegweiser.

Weihnachtsbackwerk muss jenseits der Alltagsküche hergestellt werden. Am späten Nachmittag, am Abend. Herrliche Erinnerung aus der Kinderzeit: Da kam man an einem frostigen Dezembertag rot gefroren, die Schlittschuhe in den klammen Fingern, gegen Abend heim, und aus der geöffneten Wohnungstür roch es nach heißem Kaffee. Die Rohrnudel lag neben der Tasse, die Petroleumlampe blakte schon, aber noch etwas lag in der Luft: Weihnachtsguteln! Dann jagte uns die Mutter mit freundlichem Schelten vom Tisch weg und kam mit Teigschüssel und Nudelbrett, mit Orangeat und Zitronat, mit Haselnüssen und Nusskernen, und da wurde gewalkt und geschlagen, geschnitten und gerieben. Die Mädchen durften dabei die Hand reichen. Wir Kleinen aber sahen mit runden, gierigen Augen auf Rosinen, Nüsse und Zucker, und es kribbelte in den Händen ... Da hatte die Mutter ein Einsehen und schob jedem ein paar Kerne und Weinbeeren zu. An ihnen hing schon Weihnachten. War erst der Teig ausgewalkt, so kam das hohe Fest des Ausstechens und bei Marzipan des Modellierens. Da tat wohl auch der gestrenge Vater mit und machte manchmal einen Spaß dabei. Da lagen sie nun, die Sternlein und Blumen, Hasen und Vögel, die Glocken und Herzen. Und

im Marzipanteig wölbten sich Ross und Reiter, Rosen und Tulpen, hoben sich Gockelhähne, Rehfamilien und Schäferinnen. Wie ein süßer Zauberberg roch die Stube. Wurden die Teigreste wieder zusammengewalkt, so stibitzte man immer ein Fetzchen von dem süßen, rohen Teig, und das schmeckte fast noch besser als das Gebäck selbst. Man blieb länger auf an solchen Abenden, und wenn die ersten Plätzchen heiß und duftend aus dem Rohr kamen, reckte alles die Hälse. [...]

War ausgebacken, so wurde alles Backwerk in die großen Schachteln getan, die standen im Kammerl auf dem höchsten Kasten und warteten auf die weihnachtliche Erlösung. Sehnsüchtig gingen die Kinderaugen da hinauf und bettelten bei der Mutter. Die ließ sich dann manchmal doch erweichen und spendierte für besondere Bravheit, für außergewöhnlichen Fleiß hin und wieder ein Stückl, nicht ohne zu seufzen: „Ihr Fresssäck, ihr glustigen – was soll denn da für Weihnachten bleibn!" Aber es blieb immer noch genug, um jedes Körbchen bis zum Rand zu füllen, und selig war man dann, wenn man ein Stückl wiedererkannte, das man selbst ausgestochen hatte.

Brownie-
Tannenbäumchen

FÜR 8–12 STÜCK

Für den Teig
· 200 g Butter plus
  etwas für die Form
· 200 g Zartbitterschokolade
  (70 % Kakaoanteil)
· 3 Eier (Größe M)
· 200 g brauner Zucker
· 110 g Weizenmehl
  (Type 405 oder 550)
· 30 g Kakaopulver
· 1 Prise Salz

Für die Dekoration
· Zimtstangen
· Royal Icing (siehe S. 145)
· buntes Zuckerkonfetti
  oder bunte Zuckerperlen

Außerdem
· Springform (ø 24 cm)

Für den Teig Butter in 2 cm große Würfel schneiden und mit der Schokolade über dem Wasserbad langsam schmelzen; das Wasser sollte nicht kochen. Herausnehmen und 20 Min. auf Zimmertemperatur abkühlen lassen.

Den Backofen auf 180 °C vorheizen. Die Form an den Rändern fetten und am Boden mit Backpapier auslegen. Eier und Zucker in einer Rührschüssel hell und cremig aufschlagen. Die abgekühlte Schoko-Butter-Mischung mit einem Teigspatel vorsichtig unterziehen. Die Masse dabei nicht unnötig lange bearbeiten. Mehl, Kakao und Salz in einer Schüssel vermengen. Vorsichtig unter den restlichen Teig heben. Dabei nur so lange rühren,

bis gerade so ein Teig entsteht. Den Teig in die Form füllen und ca. 30 Min. backen. Herausnehmen und auskühlen lassen.

Den Brownie mit einem scharfen Messer je nach gewünschter Größe in 8–12 Dreiecke schneiden. Die Zimtstangen zerbrechen und in jeden Brownie unten ein Stück als „Stamm" hineinstecken. Am besten die Einstichstelle zuvor mit einem kleinen Messer vorschneiden. Die Bäumchen mit Royal Icing verzieren und mit Zuckerkonfetti oder Zuckerperlen garnieren. Mit dem Aufkleben der Zuckerperlen bzw. des Zuckerkonfettis dabei nicht zu lange warten, da das Royal Icing schnell trocknet.

Have yourself a merry little Christmas

Gewürzkuchen mit Birnen

Für den Teig
- 1 weiche Birne
- 100 g Zartbitterschokolade
- 4 Eier (Größe M)
- 180 g brauner Zucker
- 200 ml Milch
- 130 ml Raps- oder Sonnenblumenöl plus etwas für die Form

- 250 g Dinkelmehl (Type 630)
- 150 g gemahlene Haselnusskerne, alternativ Mandeln oder Walnusskerne
- 3 TL Weinstein-Backpulver
- 50 g Kakaopulver plus etwas zum Verarbeiten
- 2 TL Zimt
- ½ TL gemahlener Ingwer

- 1 Msp. gemahlene Gewürznelken
- ½ TL gemahlener Kardamom
- 1 Msp. frisch gemahlener schwarzer Pfeffer

Außerdem
- Gugelhupfform (2,4 l) oder Kastenform (28–30 cm)

Den Backofen auf 180 °C vorheizen. Die Form fetten und mit etwas Kakao ausstäuben. Die Birne schälen, vom Kerngehäuse befreien und in Würfel schneiden. Die Zartbitterschokolade hacken.

Eier mit Zucker schaumig schlagen. Milch und Öl in einer zweiten Schüssel verquirlen. Mehl, Nüsse, Backpulver, Kakao und Gewürze in einer dritten Schüssel vermengen. Die Mehl-Mischung abwechselnd mit der Öl-Milch-Mischung unter die Eimasse rühren. Gehackte Schokolade und Birne unterheben. Den Teig in die Form geben und glatt streichen.

Den Kuchen auf der 2. Schiene von unten 55–60 Min. backen; gegen Ende der Backzeit eine Garprobe machen. 15 Min. in der Form abkühlen lassen. Dann vorsichtig aus der Form stürzen und weitere 15 Min. abkühlen lassen. Den Kuchen mit Kakaopulver bestäuben.

Süßkartoffel-Walnuss-Kuchen mit Chai-Glasur

Für den Teig
· 300 g Süßkartoffeln
· 50 g Walnusskerne
· 300 g Dinkelmehl (Type 630)
  plus etwas für die Form
· 100 g gemahlene Walnusskerne
· ¼ TL Salz
· 2 TL Weinstein-Backpulver
· 1 TL gemahlener Zimt
· 4 Eier (Größe M)

· 180 g Zucker
· 150 ml neutrales Pflanzenöl
  plus etwas für die Form
· Abrieb von ½ Bio-Orange
· 1 TL Vanilleextrakt
· ca. 50 ml Milch

Für die Glasur
· 150 g weiße Kuvertüre
· 2 TL Chai-Pulver

Außerdem
· 1 Handvoll gezuckerte Cranberrys
  (siehe S. 94)
· 2 EL Granatapfelkerne
· Gugelhupfform (ca. 2 l)
  oder Kastenform (30 cm)

Den Backofen auf 180 °C vorheizen. Die Form fetten und mit Mehl ausstäuben. Die Süßkartoffeln schälen und fein raspeln. Die Walnusskerne grob hacken.

Mehl, gemahlene Nüsse, Salz, Backpulver und Zimt in einer Schüssel mischen. Eier mit Zucker in einer zweiten Schüssel einige Minuten schaumig schlagen. Öl, Orangenabrieb und Vanilleextrakt unterrühren. Die Mehlmischung abwechselnd mit der Milch unterrühren, bis ein homogener Teig entsteht. Süßkartoffelraspel und gehackte Walnusskerne mithilfe eines Teigschabers oder Kochlöffels nur so lange wie nötig untermengen.

Den Teig in die Form füllen. Den Kuchen auf der 2. Schiene von unten 55–60 Min. backen; gegen Ende der Backzeit eine Garprobe machen. 15 Min. in der Form abkühlen lassen. Dann vorsichtig aus der Form stürzen und auskühlen lassen.

Für die Glasur die Kuvertüre über dem Wasserbad schmelzen. Chai-Gewürz untermengen. Den Kuchen damit glasieren und nach Belieben mit gezuckerten Cranberrys und Granatapfelkernen verzieren.

Have yourself a merry little Christmas

Festlicher Pavlova-Kranz mit Quark-Sahne-Creme und Himbeersoße

Für den Baiserkranz
· 5 zimmerwarme Eier
  (Größe M)
· 1 Prise Salz
· 3 EL kaltes Wasser
· 250 g feiner Zucker
· 1 EL + 1 TL Speisestärke
· 1 TL Weißweinessig
· 1 TL Vanilleextrakt

Für die Himbeersoße
· 250 g Himbeeren (TK)
· 30 ml Wasser
· 2 EL Puderzucker
· ½ TL Speisestärke

Für den Belag
· 200 ml Sahne
· 400 g Magerquark
· 40–50 g Zucker

Außerdem
· 2 frische Feigen
· Zimtsterne (siehe S. 175)
· Kerne von ¼ Granatapfel
· 1 Handvoll Mandelblättchen
· 8–10 Minzeblättchen

Den Backofen auf 130 °C Umluft vorheizen. Die Eier trennen. Eiweiße mit Salz mit dem Handrührer mit Schneebesenaufsatz auf mittlerer Stufe ca. 3 Min. aufschlagen, bis sich erste Spitzen bilden. Wasser und Zucker esslöffelweise zufügen, das Rührgerät dabei weiterlaufen lassen. Anschließend auf höchster Stufe rühren, bis sich der Zucker vollständig aufgelöst hat und sich glänzende, feste Spitzen bilden. Speisestärke, Weißweinessig und Vanilleextrakt mit dem Teigschaber unterheben.

Auf ein Stück Backpapier einen Kreis (ø 26 cm) zeichnen. Backpapier wenden und auf ein Backblech legen. Die Baisermasse mit einem Löffel oder dem Spritzbeutel kranzförmig innerhalb des Kreises verteilen. Die Ränder nach Wunsch mit einer Palette in Form streichen. Den Baiserkranz auf der untersten Schiene in den Ofen schieben, die Temperatur auf 100 °C reduzieren und den Kranz 90 Min. backen, bis sich das Baiser gut vom Boden löst. Den Ofen ausschalten und den Baiserkranz bei leicht geöffneter Ofentür (Kochlöffel einklemmen) auskühlen lassen.

→ Fortsetzung auf der nächsten Seite

Für die Himbeersoße gefrorene Himbeeren und Wasser in einem Topf aufkochen. Durch ein feines Sieb streichen. Die Flüssigkeit (Himbeermark) zurück in den Topf geben und mit dem Puderzucker bei mittlerer Hitze unter Rühren aufkochen. Stärke mit etwas Wasser glatt rühren und zugeben. Unter Rühren aufkochen, bis die Soße eindickt. Vom Herd nehmen und auskühlen lassen. Bis zum Servieren kühl stellen.

Für den Belag die Sahne steif schlagen. Quark und Zucker in einer Rührschüssel glatt rühren. Sahne unterheben. Die Quark-Sahne-Creme auf dem abgekühlten Baiserkranz verteilen.

Feigen in Spalten schneiden und mit den Granatapfelkernen auf der Pavlova verteilen. Mit einem Teil der Himbeersoße beträufeln. Mit Zimtsternen, Mandelblättchen und Minze garnieren und mit der restlichen Himbeersoße servieren.

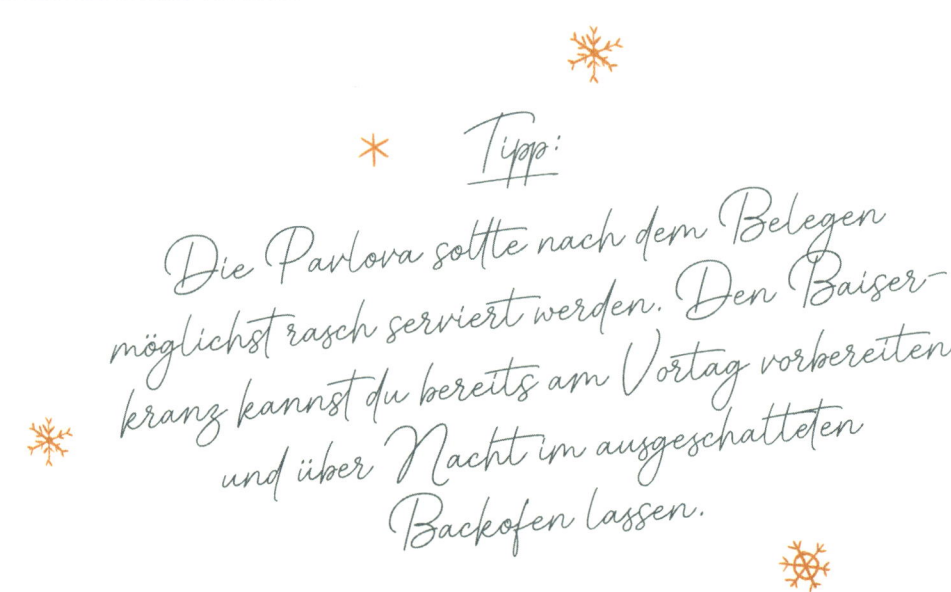

Tipp:

Die Pavlova sollte nach dem Belegen möglichst rasch serviert werden. Den Baiserkranz kannst du bereits am Vortag vorbereiten und über Nacht im ausgeschatteten Backofen lassen.

Have yourself a merry little Christmas

Lebkuchen-Hefeschnecken

Für den Teig
· 450 g Weizenmehl (Type 550)
  plus etwas zum Verarbeiten
· 7 g frische Hefe
· 40 g Rohrohrzucker
· 230–250 ml Milch
  plus etwas zum Bepinseln
· 9 g Salz
· 70 g Öl

Für die Füllung
· 110 g weiche Butter
· 70 g Rohrohrzucker
· 1 EL Lebkuchengewürz

Außerdem
· Springform (ø 26 cm)
· Butter für die Form
· 1 Ei
· 1 EL Milch
· je 1 Prise Salz und Zucker
· 1 Handvoll Hagelzucker

Am Vorabend für den Teig alle Zutaten in einer Rührschüssel ca. 8 Min. auf niedrigster, dann 10–12 Min. auf der 2. Stufe kneten. Den Teig abgedeckt 60 Min. bei Zimmertemperatur ruhen lassen, dann über Nacht (12–14 Std.) im Kühlschrank bei 6–7 °C reifen lassen.

Den Teig 60–90 Min. vor der Zubereitung aus dem Kühlschrank nehmen. Für die Füllung Butter, Zucker und Lebkuchengewürz verrühren.

Den Teig auf der leicht bemehlten Arbeitsfläche zu einem 40 cm x 50 cm großen Rechteck ausrollen. Die Füllung gleichmäßig darauf verstreichen, dabei an der oberen, kurzen Seite einen etwa 2 cm breiten Rand frei lassen. Den Rand mit etwas Milch bepinseln und den Teig von der kurzen Seite her dicht aufrollen. Mit den Händen in Form drücken; die Rolle sollte 40 cm lang und gleichmäßig dick sein.

Die Teigrolle mit der Naht nach unten legen und mit einem sehr scharfen Messer in 12 gleich breite Stücke schneiden. Die Schnecken mit etwas Abstand in die gefettete Form setzen und abgedeckt 60 Min. bei Zimmertemperatur gehen lassen, bis sich das Volumen verdoppelt hat.

Den Backofen auf 180 °C vorheizen. Ei mit Milch, Salz und Zucker verquirlen. Die Hefeschnecken damit bepinseln und mit Hagelzucker bestreuen. 25–30 Min. auf der 2. Schiene von unten goldbraun backen.

White Christmas Cheesecake

Für den Cheesecake
· 150 g Spekulatius-Kekse
  oder Vollkorn-Butterkekse
· 50 g flüssige Butter
  plus etwas für die Form
· 1 Prise Salz
· 200 g weiße Schokolade
· ½ Tonkabohne
· 300 g Frischkäse
  (Doppelrahmstufe)

· Abrieb und Saft
  von ½ Bio-Orange
· 200 ml Sahne

Außerdem
· Springform (ø 20 cm)
· 2–3 Kokos-Mandel-Kugeln
  (z. B. Raffaello)
· Mini-Lebkuchen-Häuschen
  (siehe. S. 148)

· Kokosraspel
· 2 kleine Zimtstangen
· 3–4 Zweige Rosmarin
· Puderzucker zum Bestäuben

Den Boden der Backform mit Backpapier auslegen, den Rand fetten. Die Kekse fein mahlen und mit Butter und Salz gut vermengen. Die Masse auf dem Boden der Springform verteilen und mit einem Löffel gut festdrücken. Kalt stellen.

Die weiße Schokolade über dem Wasserbad langsam schmelzen. Die Tonkabohne reiben und mit Frischkäse, Orangensaft und -abrieb mit dem Schneebesen vermengen, bis eine homogene Masse entstanden ist. Unter Rühren die Schokolade zugießen. Sahne steif schlagen und vorsichtig unterheben.

Die Cheesecakemasse auf dem Keksboden verteilen und glatt streichen. Den Kuchen mindestens 3 Std. (besser über Nacht) im Kühlschrank fest werden lassen.

Den Cheesecake mit einem Messer vom Rand lösen. Vor dem Servieren mit Kokosraspeln bestreuen. Das Lebkuchenhäuschen aufsetzen, Rosmarinzweige als kleine Tannenbäumchen in den Cheesecake stecken. Zimtstangen und Kokos-Mandel-Kugeln auflegen. Lebkuchenhäuschen zum Schluss mit etwas Puderzucker bestäuben.

Tipp:

Zum Verzieren können aus dem Lebkuchenteig ausgestochene Schneeflocken verwendet werden.

Have yourself a merry little Christmas

Brandteig-Kränze mit Nougatsahne und Cranberry-Kompott

FÜR 6 KRÄNZE

Für die Nougatsahne
· 500 ml Sahne
· 125 g Nougat
· 8 TL veganes Sahnestandmittel
  (z. B. San-apart)

Für den Brandteig
· 65 ml Milch
· 65 ml Wasser
· ½ TL Zucker
· 1 Prise Salz

· 35 g Butter
· 80 g Weizenmehl
  (Type 405 oder 550)
· 2–3 zimmerwarme Eier
  plus 1 Ei zum Bestreichen
· ca. 50 g Haselnusskerne, gehobelt

Für das Cranberry-Kompott
· 100 g Cranberrys
· 60 g Rohrohrzucker
· 80 ml Wasser

Außerdem
· Spritzbeutel mit Blüten-
  oder Sterntülle (13 mm)
· 1 zimmerwarmes Ei
· Puderzucker zum Bestäuben
· gezuckerte Cranberrys
  und Rosmarinzweige
  (siehe Tipp)

Für die Nougatsahne die Hälfte der Sahne aufkochen. Vom Herd nehmen. Nougat würfeln und unter Rühren in der Sahne schmelzen lassen. Die restliche Sahne unterrühren. Im Kühlschrank auf Kühlschranktemperatur abkühlen lassen (am besten über Nacht). Das ist wichtig, damit die Creme nicht gerinnt.

Für den Brandteig Milch mit Wasser, Zucker, Salz und Butter in einem Topf aufkochen. Sobald die Butter geschmolzen ist und die Mischung kocht, den Topf vom Herd nehmen, das Mehl auf einmal zugeben und mit einem Holzlöffel gut unterrühren. Den Topf zurück auf den Herd stellen und die Masse unter Hitzezufuhr so lange abbrennen, bis

sich der Teig zu einem Kloß formt, vom Topfboden löst und dort eine weiße Stärkeschicht hinterlässt. Dies dauert 2–3 Min.

Den Teig anschließend 1–2 Min. in einer Rührschüssel mit den Knethaken des Handmixers oder der Küchenmaschine rühren, damit er lauwarm abkühlt. Ein Ei unterrühren, bis es sich vollständig mit dem Teig verbunden hat. Die weiteren Eier nach und nach zugeben, dabei stets die Konsistenz des Teigs prüfen: Fällt der Teig sehr zäh von einem Holzlöffel, ist die Konsistenz perfekt. Die fertige Masse soll glatt sein und glänzen.

→ *Fortsetzung auf der nächsten Seite*

Den Backofen auf 200 °C vorheizen. Den Brandteig in den Spritzbeutel füllen. Auf einen Backpapierbogen 6 Kreise (ø 8 cm) mit etwas Abstand zueinander zeichnen. Den Bogen wenden, auf ein Backblech legen und den Teig entlang der Linien aufspritzen. Ein Ei verquirlen und die Kränze damit bestreichen. Mit den Haselnüssen bestreuen. 20 Min. goldbraun backen. Die Backofentür dabei nicht öffnen, sonst kann die Brandmasse zusammenfallen. Die Kränze herausnehmen und auskühlen lassen.

Für das Cranberry-Kompott die Cranberrys mit Wasser und Zucker in einem kleinen Topf aufkochen (Vorsicht: Die Schale platzt beim Erhitzen). Auf mittlerer Hitze köcheln, bis die Cranberrys weich sind und die Masse dickflüssig ist. Auskühlen lassen.

Die abgekühlte Nougatcreme mit dem Sahnestandmittel steif schlagen und in einen Spritzbeutel füllen. Die Brandteig-Kränze waagerecht halbieren. Je 1 EL Cranberry-Kompott auf dem unteren Teil der Kränze verteilen. Nougatcreme großzügig aufspritzen. Die obere Kranzhälfte auflegen, mit etwas Puderzucker bestäuben. Je 2 kleine Punkte mit Creme auf die Kränze spritzen und 2 gezuckerte Cranberrys und Rosmarinstücke darauflegen.

GEZUCKERTE CRANBERRYS UND ROSMARIN

Für den gezuckerten Rosmarin die Zweige in kleinere Stücke schneiden. Die Cranberrys halbieren oder nach Wunsch ganz lassen. 1 Eiweiß verquirlen. Rosmarin und Cranberrys damit bepinseln und anschließend in Zucker wälzen. Auf einem Kuchengitter trocknen lassen.

Have yourself a merry little Christmas

Hefestern mit Gebrannter-Mandel-Füllung

Für den Teig
· 500 g Weizenmehl (Type 550)
  plus etwas zum Verarbeiten
· 200 g Quark (20 % Fett)
· ca. 150 ml Milch
· 1 Ei (Größe M)
· 10 g frische Hefe
· 8 g Salz
· 50 g Zucker
· 60 g kalte Butter

Für die Füllung
· 125 g brauner Zucker
· ½ TL Zimt
· 375 ml Wasser
· 250 g Mandeln
· 60 g Semmelbrösel
· ¼ TL Salz
· 40 g Butter
· 2 Eiweiß (Größe M)

Außerdem
· 1 Ei
· Puderzucker zum Bestäuben

Für den Teig alle Zutaten bis auf die Butter in eine Rührschüssel geben. 10 Min. auf niedrigster Stufe kneten. Die Butter stückchenweise zugeben und weitere 10 Min. auf der 2. Stufe kneten, bis sich der Teig vom Schüsselrand löst. Den Teig abgedeckt 1 Std. bei Zimmertemperatur ruhen lassen, dann über Nacht (12–16 Std.) im Kühlschrank bei 6–7 °C reifen lassen.

Den Teig 1–2 Std. vor der Zubereitung aus dem Kühlschrank nehmen und Zimmertemperatur annehmen lassen. In der Zwischenzeit für die Füllung Zucker, Zimt und 125 ml Wasser in einer großen Pfanne aufkochen und köcheln lassen, bis der Zucker sich aufgelöst hat. Mandeln zugeben und unter ständigem Rühren köcheln lassen, bis das Wasser verdampft ist. Es entsteht eine matte Zuckerschicht. Bei mittlerer Hitze 5–8 Min. weiterrühren, bis die Mandeln beginnen zu glänzen. Die Mandeln auf einem mit Backpapier ausgelegten Backblech ausbreiten. Auskühlen lassen und fein mahlen.

Das restliche Wasser aufkochen und die gebrannten Mandeln, Semmelbrösel und Salz zufügen. Die Masse aufwallen lassen, den Topf vom Herd nehmen, die Butter unterrühren. Abkühlen lassen. Das Eiweiß unterheben.

→ Fortsetzung auf der nächsten Seite

Have yourself a merry little Christmas

Ein Backblech mit Backpapier auslegen. Den Teig in 4 gleich große Stücke teilen und diese zu Kugeln formen. Die Teigkugeln zu gleich großen Kreisen (ø 26 cm) ausrollen; ggf. einen Teller als Schablone benutzen.

Einen Teigkreis auf das Backblech legen, mit einem Drittel der Füllung bestreichen. Den 2. und 3. Teigkreis jeweils auflegen, leicht andrücken und mit einem Drittel der Füllung bestreichen. Den 4. Teigkreis auflegen. In die Mitte des Kreises ein kleines Glas platzieren. Die Teigkreise mit einem sehr scharfen Messer bis zum Glasrand in 16 Stücke einschneiden. Klebt der Teig am Messer, das Messer mit etwas Mehl bestäuben.

Das Glas entfernen. Jeweils 2 nebeneinanderliegende Teigstränge greifen und entgegengesetzt zueinander nach außen verzwirbeln. Die Enden gut zusammendrücken und zu einer Spitze formen. Den Stern mit einem Küchentuch abdecken und 1 Std. gehen lassen, bis sich das Volumen deutlich vergrößert hat.

Den Backofen auf 220 °C vorheizen. Das Ei verquirlen und den Stern damit bestreichen. Den Stern in den Backofen schieben und die Temperatur sofort auf 180 °C reduzieren. 20–25 Min. goldbraun backen. Herausnehmen, lauwarm abkühlen lassen und vor dem Servieren mit Puderzucker bestäuben.

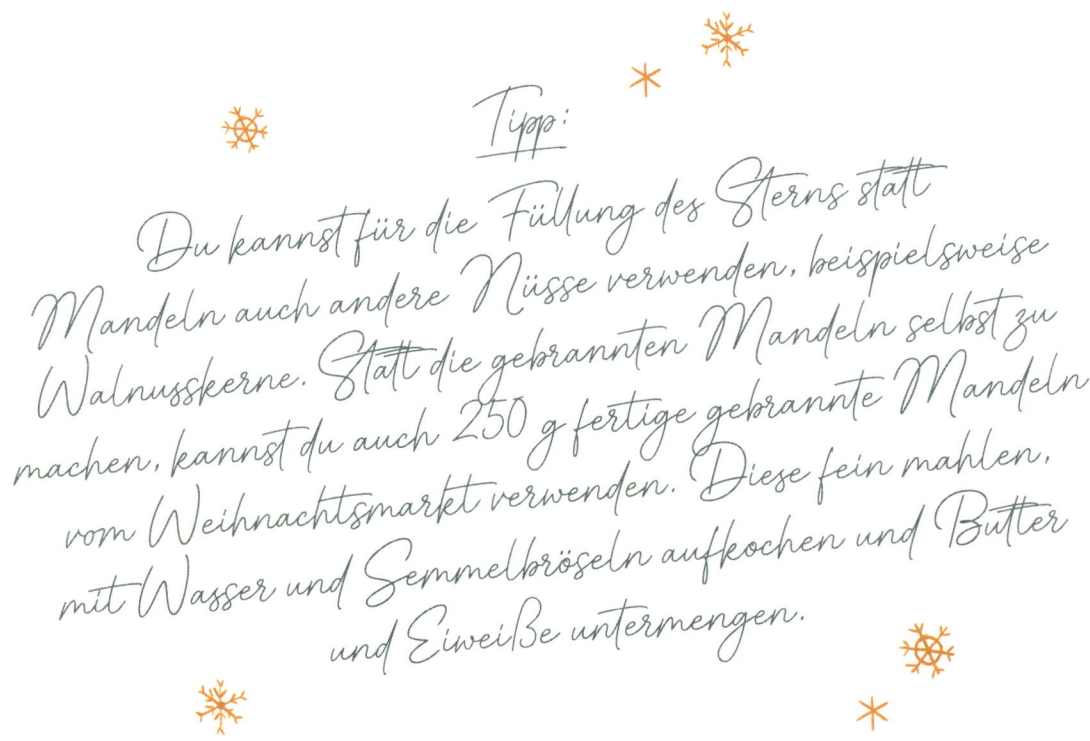

Tipp:

Du kannst für die Füllung des Sterns statt Mandeln auch andere Nüsse verwenden, beispielsweise Walnusskerne. Statt die gebrannten Mandeln selbst zu machen, kannst du auch 250 g fertige gebrannte Mandeln vom Weihnachtsmarkt verwenden. Diese fein mahlen, mit Wasser und Semmelbröseln aufkochen und Butter und Eiweiße untermengen.

Have yourself a merry little Christmas

Schwarzwald-Torte mit Glühwein-Kirschen

Für den Schokobiskuit
· 6 Eier
· 200 g Zucker
· 6 EL heißes Wasser
· 1 Pck. Vanillezucker
· 150 g Mehl
· 75 g Speisestärke
· 50 g Kakaopulver
· 2 TL Backpulver
· 3 TL Lebkuchengewürz
· 1 Prise Salz

Für die Kirschfüllung
· 350 g Sauerkirschen (Glas)
· 3 EL Speisestärke
· 300 ml Glühwein oder Punsch

Für die Sahnefüllung
· 6 Blatt Gelatine
· 40 ml Kirschwasser
· 600 ml kalte Sahne
· 1 Pck. Vanillezucker

Für die Sahne-Dekoration
· 250 ml Sahne
· 2 ½ TL veganes Sahnestandmittel
  (z. B. San-apart)
· ½ Pck. Vanillezucker

Außerdem
· 40 ml Kirschwasser
· Lebkuchenhäuschen
  (siehe S. 148)
· gezuckerte Cranberrys
  und Rosmarin
  (siehe S. 94)
· 2 Springformen (ø 20 cm)
· Tortenring (ø 20 cm)
· Butter für die Formen

Den Backofen auf 175 °C vorheizen. Für den Schokobiskuit die Böden der Formen fetten und mit Backpapier auslegen; dazu am besten das Backpapier passend rund zuschneiden. Die Ränder der Backform nicht fetten und nicht mit Backpapier auskleiden.

Eier, Zucker, heißes Wasser und Vanillezucker mit der Küchenmaschine hell cremig aufschlagen, bis sich das Volumen etwa verdreifacht hat. Mehl, Speisestärke, Kakaopulver, Backpulver, Lebkuchengewürz und Salz mischen und über die Eimasse sieben. Vorsichtig mit einem Schneebesen unterheben, bis alle Klümpchen gelöst sind. Den Teig gleichmäßig auf beide Backformen verteilen und 25–30 Min. backen; Garprobe machen. Herausnehmen und 10 Min. abkühlen lassen. Die Böden mit einem scharfen Messer vom Rand der Springform lösen und auf ein Kuchengitter stürzen. Das Backpapier vorsichtig abziehen. Auskühlen lassen und jeweils einmal horizontal durchschneiden, am besten mit einem Tortenschneider.

→ Fortsetzung auf der nächsten Seite

Für die Kirschfüllung die Kirschen in einem Sieb abtropfen lassen. Speisestärke mit 3 EL Glühwein glatt rühren. Den restlichen Glühwein in einem Topf erwärmen, Speisstärke einrühren und die Flüssigkeit unter Rühren aufkochen, bis sie andickt. Den Topf vom Herd nehmen und die Kirschen unterheben.

Für die Sahnefüllung Gelatine in kaltem Wasser 10 Min. einweichen. Kirschwasser in einem kleinen Topf bei geringer Hitze erwärmen. Die Gelatine ausdrücken und im Kirschwasser auflösen. Die Sahne steif schlagen, den Vanillezucker einrieseln lassen. 2–3 EL der geschlagenen Sahne mit der Kirschwasser-Gelatine verrühren. Diese Mischung unter die restliche Sahne heben.

Einen Biskuitboden in den Tortenring legen, mit Kirschwasser bepinseln, die Hälfte der Kirschfüllung gleichmäßig bis zum Rand darauf verteilen. Ein Viertel der Sahnefüllung daraufstreichen.

Den nächsten Boden aufsetzen, gut andrücken und mit Kirschwasser bepinseln. Ein Viertel der Sahne darauf verteilen. Den 3. Boden auflegen und mit Kirschwasser bepinseln. Die restliche Kirschfüllung darauf verteilen, ein Viertel der Sahnemasse daraufstreichen. Den letzten Boden auflegen und gut andrücken; darauf achten, dass die Torte gerade ist. Die restliche Sahne darauf glatt streichen und die Torte 2 Std. kalt stellen.

Für die Sahne-Dekoration die Sahne steif schlagen, dabei das Standmittel und den Vanillezucker einrieseln lassen. Die Torte mit einem scharfen Messer oder einer Tortenpalette vom Tortenring lösen, diesen entfernen und die Seiten der Torte mit Sahne bestreichen. Mit einer Tortenkarte glatt ziehen. Mit Lebkuchenhäuschen, gezuckerten Cranberrys und Rosmarin dekorieren.

Have yourself a merry little Christmas

Eierpunsch-Törtchen mit Frischkäse-Frosting

FÜR 3 TÖRTCHEN

Für den Teig
· 6 Eier (Größe M)
· 250 g Puderzucker
· 15 g Vanillezucker
· 125 ml Pflanzenöl
· 250 ml Eierlikör
· 3 gehäufte EL Mohnsamen
· 250 g Mehl (Type 405 oder 550)
· 15 g Backpulver
· 1 Prise Salz

Für das Frosting
· 440 g zimmerwarmer Frischkäse (Doppelrahmstufe)
· 220 g weiche Butter plus etwas für die Formen
· 400 g Puderzucker
· 1 TL Vanillearoma
· Abrieb von 2 Bio-Orangen

Außerdem
· 3 Springformen (ø 20 cm)
· Spritzbeutel mit Sterntülle
· 2 EL Eierlikör
· Zuckerstangen-Plätzchen (siehe „Chai-Spitzbuben mit Hagebuttenfüllung" S. 175)

Den Backofen auf 170 °C vorheizen. Die Formen fetten und mit Backpapier auskleiden.

Für den Teig die Eier schaumig schlagen, dabei langsam Puderzucker und Vanillezucker einrieseln lassen. Mindestens 5 Min. auf höchster Stufe aufschlagen, bis eine helle, luftige Masse entstanden ist. Öl und Eierlikör verrühren. Mohn, Mehl, Backpulver und Salz in einer Schüssel mischen und abwechselnd mit dem Öl-Likör-Gemisch unter den Teig rühren, bis alle Klümpchen gelöst sind. Den Teig auf die 3 Backformen verteilen und ca. 30 Min. auf der 2. Schiene von unten goldgelb backen; gegen Ende der Backzeit eine Garprobe machen.

Die Böden in der Form auf einem Kuchengitter etwas abkühlen lassen. Anschließend den Springformrand lösen, Backpapier entfernen und die Böden zum Auskühlen auf ein Tortengitter stürzen.

Für das Frosting Frischkäse und Butter in einer Schüssel cremig rühren. Puderzucker darübersieben und vorsichtig unterrühren; dabei nicht zu stark rühren, damit das Frosting nicht flüssig wird. Vanillearoma und Orangenschale kurz unterrühren. Das Frosting abgedeckt kalt stellen.

Einen Tortenboden mit 3–4 EL Frosting bestreichen, den zweiten Boden auflegen und ebenfalls mit Frosting bestreichen. Den dritten Boden auflegen und die Torte dünn mit Frosting einstreichen. 30 Min. kalt stellen.

Die Torte herausnehmen und erneut eine dünne Schicht Frosting auftragen. Das restliche Frosting in einen Spritzbeutel mit Sterntülle füllen. 2 EL Eierlikör als Spiegel auf der Torte verteilen. Das restliche Frosting in Tupfen rund um den oberen Rand aufspritzen. Die Torte zum Schluss mit Zuckerstangen-Plätzchen verzieren.

Have yourself a merry little Christmas

Wintergrießbrei mit Gewürzbirnen

FÜR 4 PERSONEN

Für die Gewürzbirnen
· 2 reife Birnen
· 1 Stück Ingwer (ca. 3 cm)
· 400 ml Birnensaft
· 1 EL Honig
· Mark von 1 Vanilleschote
· 1 Zimtstange
· 1–2 Stück Sternanis

Für den Grießbrei
· 100 g Weichweizengrieß
· 3 EL brauner Zucker
· 1 Prise Salz
· 1–2 Kardamomkapseln
· 800 ml Milch
· 200 ml Sahne
· 25 g kalte Butter

Außerdem
· 1 Handvoll Pistazien

Die Birnen schälen, vom Kerngehäuse befreien und in schmale Spalten schneiden. Ingwer schälen und in Scheiben schneiden.

Den Birnensaft in einem kleinen Topf aufkochen, Honig einrühren. Vanillemark, Gewürze und Birnen zufügen. Bei niedriger Hitze köcheln, bis die Birnen weich sind. Birnen und Gewürze herausnehmen und die Flüssigkeit bei mittlerer Hitze auf etwa ein Viertel reduzieren. Die Birnen wieder in den Topf geben. Warm halten.

Für den Grießbrei Grieß, Zucker und Salz vermengen. Kardamomkapseln öffnen und die Samen im Mörser zerstoßen. Milch, Sahne und Kardamom unter Rühren aufkochen. Vom Herd nehmen, die Grieß-Zucker-Mischung einrieseln lassen und mit dem Schneebesen gründlich verrühren. Den Topf zurück auf den Herd stellen und die Masse unter Rühren erneut aufkochen. Vom Herd nehmen und abgedeckt ca. 5 Min. quellen lassen. Butter unterrühren.

Die Pistazien grob hacken. Den Grießbrei auf Tellern anrichten, mit den Birnen belegen, dem Sud beträufeln und mit Pistazien bestreut servieren.

Lebkuchen-Mousse mit Orangen-Minze-Salat

FÜR 4 PERSONEN

Für die Mousse
· 200 g gute dunkle Schokolade
  (75 % Kakaogehalt)
· 50 g Butter
· 2–3 TL Lebkuchengewürz
· 3 frische zimmerwarme Eier
  (Größe M)
· 1 Prise Salz
· 250 ml Schlagsahne
· 3 EL Zucker

Für den Orangen-Minze-Salat
· 2 Orangen
· 6 Minzeblättchen

Außerdem
· Kakaopulver zum Bestäuben

Für die Mousse Schokolade und Butter in einer Schüssel über dem heißen Wasserbad langsam schmelzen. Lebkuchengewürz unterrühren. Auskühlen lassen.

Die Eier trennen. Eiweiße mit Salz in einer Schüssel halbsteif aufschlagen. Die Sahne in einer weiteren Schüssel ebenfalls halbsteif aufschlagen. Eigelbe mit Zucker in einer dritten Schüssel hell cremig aufschlagen.

Die Schoko-Butter-Masse mit einem Teigschaber unter die Eigelb-Zucker-Masse heben. Anschließend das Eiweiß, dann die Sahne sanft unterheben, damit die Mousse schön luftig bleibt. Die Mousse in Gläser füllen und über Nacht in den Kühlschrank stellen.

Für den Orangen-Minze-Salat die Orangen schälen und filetieren. Filets in Stücke schneiden. Den Saft von den filetierten Orangen auffangen und zusammen mit den Orangenstücken in eine kleine Schüssel geben. Die Minzeblättchen abbrausen, trocken tupfen, in dünne Streifen schneiden und zu den Orangenfilets geben. Abgedeckt über Nacht im Kühlschrank ziehen lassen.

Die Mousse mit Kakaopulver bestäuben und mit dem Orangen-Minze-Salat servieren.

Kling, Glöckchen

*Kling, Glöckchen, klingelingeling,
kling, Glöckchen, kling!
Lasst mich ein, ihr Kinder,
ist so kalt der Winter,
öffnet mir die Türen,
lasst mich nicht erfrieren.
Kling, Glöckchen, klingelingeling,
kling, Glöckchen, kling!*

*Kling, Glöckchen, klingelingeling,
kling, Glöckchen, kling!
Mädchen hört und Bübchen,
macht mir auf das Stübchen,
bring euch milde Gaben,
sollt euch dran erlaben.
Kling, Glöckchen, klingelingeling,
kling, Glöckchen, kling!*

*Kling, Glöckchen, klingelingeling,
kling, Glöckchen, kling!
Hell erglühn die Kerzen,
öffnet mir die Herzen,
will drin wohnen fröhlich,
frommes Kind, wie selig.
Kling, Glöckchen, klingelingeling,
kling, Glöckchen, kling!*

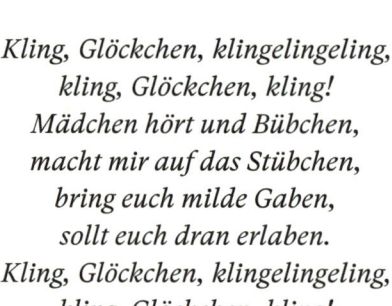

Have yourself a merry little Christmas

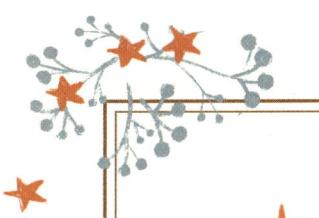

EMILY UND FRITZ KOEGEL

Der Bratapfel

Kinder, kommt und ratet,
was im Ofen bratet!
Hört, wie's knallt und zischt!
Bald wird er aufgetischt,
der Zipfel, der Zapfel,
der Kipfel, der Kapfel,
der gelbrote Apfel.

Kinder, lauft schneller;
holt einen Teller;
holt eine Gabel!
Sperrt auf den Schnabel
für den Zipfel, den Zapfel,
den Kipfel, den Kapfel,
den goldbraunen Apfel.

Sie pusten und prusten,
sie gucken und schlucken,
sie schnalzen und schmecken,
sie lecken und schlecken
den Zipfel, den Zapfel,
den Kipfel, den Kapfel,
den knusprigen Apfel.

Bratäpfel mit Pumpernickel-Bröseln und Calvados-Sahne

FÜR 4 PERSONEN

Für die Brösel
· 15 g Butter
· 80 g Pumpernickel
· 30 g brauner Zucker

Für die Bratäpfel
· 4 große, festfleischige Äpfel
  (z. B. Cox Orange, Boskop,
  Berlepsch, Jonagold)

· 50 g Marzipanrohmasse
· 15 g Haselnuss- oder
  Walnusskerne
· 30 g Rosinen oder
  getrocknete Cranberrys
· Abrieb von ½ Bio-Orange
· 200 ml Cider

Für die Calvados-Sahne
· 200 ml Sahne
· 1 EL brauner Zucker
· 1 ½–2 EL Calvados

Für die Brösel die Butter in einer Pfanne zerlassen und leicht bräunen. Pumpernickel zerbröseln und mit dem Zucker zugeben. Den Pfanneninhalt vermengen und einige Minuten karamellisieren lassen. Abkühlen lassen.

Den Backofen auf 180 °C vorheizen. Bei den Äpfeln oben waagerecht jeweils einen Deckel abschneiden und das Kerngehäuse großzügig ausstechen. Die Äpfel eng zusammen in eine Auflaufform setzen. Marzipan in Stücke schneiden, die Nüsse grob hacken. Beides mit Rosinen und Orangen-

abrieb vermengen und die Äpfel damit füllen. Reste der Füllung zwischen den Äpfeln verteilen. Den Cider angießen. Die Bratäpfel je nach Apfelsorte 25–30 Min. backen, dabei nach 15 Min. die Deckel auflegen. Die Äpfel regelmäßig mit der Cidersoße beträufeln.

Für die Calvados-Sahne die Sahne steif schlagen, Zucker und Calvados unterheben. Die Bratäpfel mit Calvados-Sahne und den Pumpernickel-Bröseln anrichten.

Glühwein-Crumble mit Äpfeln und Beeren

Tipp:

Den Crumble am besten lauwarm und nach Wunsch mit Vanilleeis oder Sahne servieren.

FÜR 4 PERSONEN

Für die Streusel
· 160 g Mehl
· 40 g kernige Haferflocken
· 100 g Rohrohrzucker
· 2 Prisen Salz
· ½ TL Spekulatiusgewürz
  (optional)
· 120 g kalte Butter in Stücken

Für die Füllung
· 200 ml Rotwein
· 2 Gewürznelken
· 1 Stück Sternanis
· 1 Zimtstange
· 3–4 süß-säuerliche Äpfel
  (z. B. Boskop oder Cox Orange)
· Saft von ½ Zitrone

· 3 EL Rohrohrzucker
· 1 EL Speisestärke
· 150 g Beerenmischung (TK)

Außerdem
· ofenfeste Pfanne oder
  Auflaufform (20 cm x 25 cm)

Den Backofen auf 200 °C Ober- und Unterhitze oder 180 °C Umluft vorheizen. Für die Streusel alle Zutaten in eine Schüssel geben. Mit den Händen zu Streuseln verkneten. Eine dünne Schicht Streusel auf dem Boden einer ofenfesten Pfanne oder Auflaufform verteilen und mit den Fingern andrücken. 10 Min. backen. Die restlichen Streusel bis zur Verwendung in den Kühlschrank stellen.

Für die Füllung Wein mit Gewürznelken, Sternanis und Zimtstange in einem kleinen Topf aufkochen und etwas reduzieren lassen. Vom Herd nehmen. Äpfel vom Kerngehäuse befreien und in Spalten schneiden. Mit Zitronensaft beträufeln und mit Zucker, Stärke und den Beeren mischen. Die Gewürze entfernen.

Apfel-Beeren-Mischung auf dem vorgebackenen Boden verteilen. Mit dem Gewürz-Wein übergießen und die restlichen Streusel darauf verteilen. Bei 190 °C Ober- und Unterhitze oder 170 °C Umluft 35–40 Min. backen, bis die Äpfel weich sind.

Marzipan-Pannacotta mit Punschkirschen

FÜR 4 PERSONEN

Für die Pannacotta
· 5 Blatt Gelatine
· 100 g Marzipanrohmasse
· ½ Tonkabohne
· 300 ml Sahne
· 200 ml Vollmilch
· 50 g Zucker

Für die Punschkirschen
· 1 Stück Ingwer (1 cm)
· 1 Glas Schattenmorellen
  (350 g Abtropfgewicht)
· 100 ml Portwein oder Apfelsaft
· 2 EL Honig
· 1 Stück Bio-Orangenschale
· 1 Zimtstange

· 2 Gewürznelken
· 1–1 ½ EL Speisestärke

Außerdem
· 4 kleine Schalen
· Butter zum Fetten
· Zimtsterne (siehe S. 172)

Für die Pannacotta die Gelatine in kaltem Wasser einweichen. Marzipan in Stücke schneiden. Tonkabohne fein reiben.

Sahne, Milch, Zucker, Tonkabohne und Marzipan in einem Topf aufkochen und unter gelegentlichem Rühren 5 Min. sanft köcheln lassen. Gelatine gut ausdrücken und in die heiße Flüssigkeit geben. Umrühren. Die Mischung in gefettete Schälchen füllen und 4 Std. (oder über Nacht) kalt stellen.

Für die Punschkirschen den Ingwer schälen und in Scheiben schneiden. Die Kirschen in einem Sieb abtropfen lassen, den Saft auffangen. 2 EL Saft abnehmen und beiseitestellen. Den restlichen Saft mit Portwein (oder Apfelsaft), Ingwer,

Honig, Orangenschale und Gewürzen in einem Topf bei mittlerer Hitze langsam erwärmen. Die Speisestärke mit 2 EL Saft glatt rühren. Gewürze aus dem Topf nehmen und die Speisestärke einrühren. Aufkochen, die Kirschen zugeben. Den Topf vom Herd nehmen und die Kirschen lauwarm abkühlen lassen.

Pannacotta mithilfe eines kleinen Messers vorsichtig aus den Formen lösen. Mit den Punschkirschen servieren und nach Wunsch mit (zerbröselten) Zimtsternen garniert servieren.

ERNST ANSCHÜTZ

O Tannenbaum

O Tannenbaum, O Tannenbaum,
wie treu sind deine Blätter.
Du grünst nicht nur zur Sommerzeit,
nein, auch im Winter, wenn es schneit.
O Tannenbaum, O Tannenbaum,
wie grün sind deine Blätter!

O Tannenbaum, O Tannenbaum,
du kannst mir sehr gefallen!
Wie oft hat schon zur Winterszeit
ein Baum von dir mich hoch erfreut!
O Tannenbaum, O Tannenbaum,
du kannst mir sehr gefallen!

Have yourself a merry little Christmas

Morgen, Kinder, wird's was geben!

Morgen, Kinder, wird's was geben,
morgen werden wir uns freu'n!
Welch ein Jubel, welch ein Leben
wird in unser'm Hause sein!
Einmal werden wir noch wach,
heißa, dann ist Weihnachtstag!

Wie wird dann die Stube glänzen
von der großen Lichterzahl?
Schöner als bei frohen Tänzen
ein geputzter Kronensaal.
Wisst ihr noch vom vor'gen Jahr,
wie's am Weihnachtsabend war?

Welch ein schöner Tag ist morgen,
viele Freuden hoffen wir!
Uns're lieben Eltern sorgen
lange, lange schon dafür.
O gewiss, wer sie nicht ehrt,
ist der ganzen Lust nicht wert!

Joy to the World

Was wäre das Weihnachtsfest ohne Überraschungen?
Kreative Geschenkideen und liebevolle Back-
inspirationen halten alles bereit, was wir benötigen,
um unsere Liebsten zu verwöhnen.
Zum Verschenken oder gemeinsam Genießen
ist hier für alle etwas dabei.

JOSEPH VON EICHENDORFF

Weihnachten

Markt und Straßen stehn verlassen,
still erleuchtet jedes Haus,
sinnend geh ich durch die Gassen,
alles sieht so festlich aus.

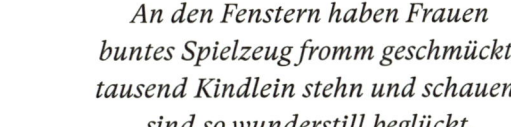

An den Fenstern haben Frauen
buntes Spielzeug fromm geschmückt,
tausend Kindlein stehn und schauen,
sind so wunderstill beglückt.

Und ich wandre aus den Mauern
bis hinaus ins freie Feld,
hehres Glänzen, heil'ges Schauern!
Wie so weit und still die Welt!

Sterne hoch die Kreise schlingen,
aus des Schnees Einsamkeit
steigt's wie wunderbares Singen –
o du gnadenreiche Zeit!

Espresso-Kardamom-Trüffel

FÜR CA. 50 STÜCK

Für die Trüffelmasse
· 150 g Milchschokolade
· 150 g Zartbitterschokolade
· 1 TL gemahlener Kardamom
· 75 ml Sahne
· 50 g Butter

· 1 Prise Salz
· 50 ml frisch gebrühter Espresso

Außerdem
· Kakaopulver zum Wälzen

Die Schokolade fein hacken und mit dem Kardamom in eine hitzebeständige Schüssel geben. Sahne, Butter und Salz in einem Topf erhitzen, bis die Sahne anfängt zu köcheln. Espresso zugeben und die Mischung sofort über die gehackte Schokolade gießen. Mit einem Löffel vorsichtig umrühren, bis die Schokolade geschmolzen ist. 2 Std. (oder über Nacht) in den Kühlschrank stellen, bis die Masse fest geworden ist.

Für die Trüffel jeweils 1 TL Schokomasse abstechen und zu einer Kugel rollen; alternativ mithilfe von 2 Teelöffeln Nocken abstechen. Die Trüffel in Kakaopulver wälzen. Bis zum Verzehr oder Verschenken im Kühlschrank aufbewahren. Dort halten sich die Trüffel maximal 1 Woche.

Backmischung für Hot Chocolate Cookies

FÜR 1 GLAS (500 ML)

· 80 g Weizen- oder Dinkelmehl
· 1 TL Backpulver
· 1 Prise Salz
· 25 g Kakaopulver
· 50 g weißer Zucker
· 50 g brauner Zucker
· 3 EL Chocolate Chunks
· 30 Mini-Marshmallows

Zum Backen
· 60 g weiche Butter
· 1 Ei

Mehl, Backpulver und Salz vermengen und als unterste Schicht in das Glas füllen. Nacheinander alle weiteren Zutaten in das Glas schichten, zuletzt die Marshmallows ins Glas geben.

Zum Backen den Backofen auf 175 °C vorheizen. Ein Backblech mit Backpapier auslegen. Marshmallows aus dem Glas nehmen. Die restliche Backmischung in einer Schüssel mit Butter und Ei verkneten.

Mithilfe eines Teelöffels 16 Teigportionen abstechen und zu Kugeln formen. Mit etwas Abstand auf das Blech setzen. Leicht flach drücken. Die Cookies auf der 2. Schiene von oben ca. 6 Min. backen. Aus dem Ofen nehmen, Marshmallows darauf verteilen und vorsichtig andrücken. Weitere 2–3 Min. backen, bis die Marshmallows anfangen zu verlaufen und braun zu werden.

Die Cookies auf dem Blech etwa 2 Min. abkühlen lassen, dann vorsichtig auf ein Kuchengitter legen und dort auskühlen lassen.

Dreierlei Salzmischungen

INGWER UND ZITRONE

· 1 Bio-Zitrone
· 1 Stück Ingwer (2 cm)
· 40 g flockiges Meersalz
  (z. B. Fleur de Sel oder Maldon)

Den Backofen auf 100 °C Umluft vorheizen.
Ein Backblech mit Backpapier auslegen.

Zitrone heiß abwaschen, trocken tupfen und
die Schale fein abreiben. Ingwer schälen und fein
reiben. Zitronenabrieb und Ingwer mit dem Salz
vermengen. Die Mischung auf dem Backblech verteilen und 30–60 Min. langsam trocknen lassen,
dabei ein- oder zweimal durchmengen.

Salz herausnehmen, auskühlen lassen und in einem
luftdicht verschlossenen Behälter aufbewahren.

CURRY UND LIMETTE

· 2 Bio-Limetten
· 40 g flockiges Meersalz
  (z. B. Fleur de Sel oder Maldon)
· 1 TL Currypulver

Den Backofen auf 100 °C Umluft vorheizen.
Ein Backblech mit Backpapier auslegen.

Limetten heiß abwaschen, trocken tupfen und
die Schale fein abreiben. Mit dem Salz vermengen. Im Ofen (Mitte) 30–60 Min. langsam trocknen lassen, dabei ein- oder zweimal durchrühren.
Salz herausnehmen und auskühlen lassen. Mit
dem Currypulver vermengen und in einem luftdicht verschlossenen Behälter aufbewahren.

ROSMARIN UND GERÄUCHERTE PAPRIKA

· 40 g flockiges Meersalz
  (z. B. Fleur de Sel oder Maldon)
· 1 TL getrockneter Rosmarin
· ¾ TL Paprikapulver (geräuchert)

Alle Zutaten vermengen und in einem luftdicht
verschlossenen Behälter aufbewahren.

Tipp:
Die Salzmischungen
eignen sich hervorragend
als Geschenk.

ROSMARIN-PAPRIKA-SALZ

CURRY-LIMETTEN-SALZ

ZITRONEN-INGWER-SALZ

Apfel-Orangen-Konfitüre mit Espresso

Die Äpfel schälen, vom Kerngehäuse befreien und grob würfeln. Mit 400 ml Orangensaft und den Gewürzen in einem Topf einkochen, bis die Äpfel zerfallen. Auskühlen lassen, die Gewürze entfernen und die Masse pürieren.

Das Apfelpüree mit dem restlichen Orangensaft, Espresso und Gelierzucker unter ständigem Rühren in einem Topf aufkochen und ca. 4 Min. sprudelnd kochen. Gelierprobe machen.

Die Konfitüre in sterilisierte Gläser füllen. Die Gläser sofort verschließen, auf den Deckel stellen und etwas abkühlen lassen. Die Gläser wieder umdrehen und die Konfitüre auskühlen lassen.

FÜR 7 GLÄSER

· 600 g Äpfel
· 600 ml frisch gepresster Orangensaft
· 1 Zimtstange
· 1 Stück Sternanis
· 100 ml frisch gebrühter Espresso
· 500 g Gelierzucker 2:1

Außerdem
· 7 Gläser mit Schraubverschluss (200 ml Inhalt)

Lebkuchen-Granola

FÜR CA. 600 G

- ½ Tonkabohne
- 100 g Kokosöl
- 70 g flüssiger Honig
- 1 ½ TL Lebkuchengewürz
- ½ TL Zimt
- ½ TL Salz

- 100 g Nüsse
  (z. B. Mandeln und/oder
  Pekannüsse, Walnuss-
  oder Haselnusskerne)
- 50 g Leinsamen
- 300 g kernige Haferflocken

Den Backofen auf 150 °C Umluft vorheizen. Ein Backblech mit Backpapier belegen.

Tonkabohne fein reiben. Kokosöl in einem kleinen Topf schmelzen. Den Topf vom Herd nehmen und Tonkabohne, Honig, Lebkuchengewürz, Zimt und Salz unterrühren.

Die Nüsse grob hacken. Mit den Leinsamen und den Haferflocken zur Kokosölmischung geben und gut vermengen.

Die Granola-Mischung auf dem Backblech verteilen. 25–30 Min. backen, bis sich die Mischung trocken anfühlt und goldbraun gefärbt ist. Etwa alle 10 Min. durchmischen.

Tipp:

Wenn du das Granola noch verfeinern möchtest, kannst du nach dem Backen 50 g Chiasamen, 70 g getrocknete Früchte (Aprikosen oder Cranberrys), Kakao-Nibs oder 50 g Kokoschips untermengen.

Lebkuchenhaus

Für den Teig
- 330 g Honig
- 130 g brauner Zucker
- 130 g Butter
- 600 g helles Weizen-
  oder Dinkelmehl (Type 405,
  550 oder 630) plus etwas
  zum Verarbeiten
- 19 g Lebkuchengewürz
- 40 g Kakaopulver

- 1 Msp. gemahlener Ingwer
- 1 ½ TL Backpulver
- 2 Prisen Salz
- 2 Eier (Größe M)

Für das Royal Icing
- 1 Eiweiß (Größe M)
- 200–250 g Puderzucker

Außerdem
- 4 Blatt Gelatine
- 1 Eiweiß (Größe M)
- 200–250 g Puderzucker
  plus etwas zum Bestäuben

Vorlagen
- für das Lebkuchenhaus
  zum Download unter
  www.dasbackstuebchen.de

Honig, braunen Zucker und Butter in einem kleinen Topf unter Rühren erwärmen, bis der Zucker gelöst ist. Vom Herd nehmen und etwas abkühlen lassen. Mehl, Lebkuchengewürz, Kakaopulver, Ingwer, Backpulver und Salz in einer Schüssel vermengen, mit den Eiern unter die Honig-Masse rühren und alles zu einem geschmeidigen Teig verkneten. Sollte der Teig zu weich sein, nach und nach etwas Mehl zugeben. Der Teig sollte glänzen und kaum mehr kleben. Den Teig in 3 Portionen teilen. Die Teigstücke zu flachen Ziegeln formen, in Frischhaltefolie wickeln und über Nacht in den Kühlschrank legen.

Den Teig vor der Verarbeitung aus dem Kühlschrank nehmen und Zimmertemperatur annehmen lassen. Die Vorlagen für das Haus ausdrucken (am besten aus etwas festerem Papier) und ausschneiden.

Den Backofen auf 170 °C vorheizen. 2 Backbleche mit Backpapier auslegen. Die Teigstücke etwas geschmeidig kneten, nacheinander auf der leicht bemehlten Arbeitsfläche ca. 5 mm dick ausrollen

→ Fortsetzung auf der nächsten Seite

Tipp:

Für besonders gerade Kanten Fenster und Türen nach Vorlage ausschneiden, die Ausschnitte anschließend aber nicht aus dem Teig herausnehmen. Nach dem Backen die vorgeschnittenen Teile aus dem noch leicht warmen Lebkuchen mit einem kleinen Messer ausschneiden und vorsichtig herauslösen.

und die Hausteile mithilfe der Vorlagen mit einem Messer ausschneiden. Den Teig immer wieder dünn mit Mehl bestäuben, damit er beim Ausrollen und Ausschneiden nicht an Nudelholz und Arbeitsfläche kleben bleibt. Die Teile mit genügend Abstand auf das Backblech legen und 12–17 Min. backen. Die Backzeit variiert je nach Größe und Dicke der Lebkuchen-Teile; der Lebkuchen sollte getrocknet sein, aber noch keine Farbe angenommen haben. Am besten jeweils die großen und die kleinen Bauteile des Hauses gemeinsam backen. Die Lebkuchen samt Backpapier vorsichtig auf ein Abkühlgitter gleiten und auskühlen lassen. Der Teig ist, wenn er aus dem Ofen kommt, noch weich und härtet beim Auskühlen nach.

Für die Verzierung mit dem Royal Icing Eiweiß mit der Küchenmaschine aufschlagen. Dabei den Puderzucker nach und nach einrieseln lassen, bis eine zähe, glänzende Glasur entstanden ist, deren Konsistenz Zahnpasta ähnelt. Das Royal Icing sofort in einen Spritzbeutel geben, da es schnell trocknet, und eine sehr kleine Öffnung abschneiden.

Für die Fensterscheiben des Hauses die Blattgelatine halbieren. In jede Ecke jeweils einen Tupfen Royal Icing aufspritzen und die Gelatinestücke als Glasscheibe hinter die Fensteröffnungen kleben. Kurz trocknen lassen. Zuerst die Seitenwände des Lebkuchenhauses mit dem Royal Icing verzieren. Trocknen lassen (am besten über Nacht).

→ Fortsetzung auf der nächsten Seite

Zum Zusammenkleben der Teile erneut aus Eiweiß und Puderzucker Royal Icing zubereiten und in einen Spritzbeutel mit kleiner Öffnung füllen (siehe vorherige Seite). Die Hausteile nacheinander zusammenkleben, dabei den Eiweißkleber immer erst trocknen lassen und dann das nächste Teil kleben. Zum Schluss das Dach aufsetzen. Dach und Fensterbretter nach Wunsch mit Royal Icing verzieren. Für die Eiszapfen an Fenstern und Dächern den Spritzbeutel an den Dach- bzw. Fensterbrettrand halten und langsam einen Tropfen nach unten abziehen. Das fertige Haus mit Puderzucker bestäuben.

NOCH MEHR DEKO-IDEEN

Kokosflocken und kleine Rosmarinzweige eignen sich toll als Schneedecke und Tannenbäumchen. Für den Schneemann Mini-Marshmallows auf einen Zahnstocher stecken und mit Royal Icing an der Bodenplatte ankleben.

Du möchtest dein Haus beleuchten? Dann integriere eine kleine batteriebetriebene LED-Lichterkette. Das Kabel kannst du durch ein kleines Loch auf der Rückseite des Hauses fädeln, das du nach dem Backen vorsichtig in das entsprechende Bauteil schneidest.

KLEINES LEBKUCHENHAUS UND LEBKUCHENHAUSSTADT

Für das kleine Lebkuchenhaus (siehe S. 90) und die Lebkuchenhausstadt (siehe S. 105–107) aus dem 5 mm dick ausgerollten Teig Häusersilhouetten bzw. Bauteile ausschneiden und 6–7 Min. bei 170 °C backen; je kleiner die Lebkuchenteile sind, desto kürzer ist die Backzeit. Die Häuser anschließend mit Royal Icing verzieren.

Tipp:
Du kannst das Haus auf einer Tortenplatte aufbauen oder als Boden eine zusätzliche Lebkuchenplatte ausrollen und backen.

Marzipanstollen

FÜR 2 STOLLEN

Für die Früchtemischung
· 100 g getrocknete Aprikosen
· 80 g getrocknete Cranberrys
  oder Sauerkirschen
· 150 g Rosinen
· 50 g Orangeat
· 100 g gemahlene Mandeln
· 200 ml Amaretto, alternativ
  Apfel- oder Orangensaft

Für das Kochstück
· 65 g Weizenmehl (Type 550)
· 240 ml Milch (3,5 % Fett)
· 6 g Salz

Für den Hefe-Vorteig
· 150 g Weizenmehl (Type 550)
· 120 ml Milch
· 25 g frische Hefe

Für den Hauptteig
· Vorteig
· Kochstück
· 290 g Weizenmehl (Type 550)
  plus etwas zum Verarbeiten
· 2 Eigelb
· 1 TL Zimt
· ½ TL gemahlener Kardamom
· ½ TL gemahlener Ingwer

· 1 TL Vanilleextrakt oder
  ½ Tonkabohne, fein gerieben
· 1 Msp. Muskat
· Abrieb von 1 Bio-Zitrone
· Abrieb von 1 kleinen Bio-Orange
· 3–4 Tropfen Bittermandelaroma
· 50 g feiner Zucker
· 200 g Marzipanrohmasse
· 230 g kalte Butter
· Früchtemischung

Für das Topping
· 100 g zerlassene Butter
· 150 g Puderzucker

Für die Früchtemischung Aprikosen klein würfeln, Cranberrys oder Sauerkirschen grob hacken und mit Rosinen, Orangeat und Mandeln in einer Schüssel vermengen. Amaretto zugeben. Abgedeckt 12–24 Std. im Kühlschrank quellen lassen. Die Früchte ab und zu durchmischen.

Für das Kochstück Mehl, Milch und Salz unter Rühren aufkochen, bis eine zähe, puddingähnliche Masse entstanden ist. Abgedeckt auskuhlen und über Nacht im Kühlschrank ruhen lassen.

Für den Hefe-Vorteig Mehl, kalte Milch und Hefe verkneten. Abgedeckt 12 Std. oder über Nacht im Kühlschrank auf das dreifache Volumen gehen lassen.

Vorteig, Kochstück und Früchtemischung 1 Std. vor der Verarbeitung aus dem Kühlschrank nehmen und Zimmertemperatur annehmen lassen.

Für den Hauptteig Vorteig, Kochstück, Mehl, Eigelbe, Zimt, Kardamom, Ingwer, Vanille, Muskat, Zitronen- und Orangenabrieb, Bittermandelaroma, Zucker und Marzipan auf niedriger Stufe ca. 15 Min. kneten. Anschließend 10 Min. auf höchster Stufe kneten, dabei die Butter in Stücken nach und nach zugeben, bis ein weicher Teig entstanden ist, der sich vom Schüsselrand löst. Zum Schluss die Früchtemischung langsam einarbeiten. Den Teig 60–90 Min. abgedeckt bei Zimmertemperatur (18–20 °C) ruhen lassen.

→ Fortsetzung auf der nächsten Seite

Den Teig auf die mit Mehl bestäubte Arbeitsfläche geben. In 2 gleich schwere Teile teilen und diese zu Stollen formen. Dazu die Teiglinge zuerst leicht rundwirken: jeweils eine Ecke des Teigs greifen und in die Mitte falten, den Teig dabei drehen, bis eine Kugel mit Oberflächenspannung entsteht. Diese Kugel nun leicht flach drücken und der Länge nach von einer Seite nur so weit einrollen, dass eine Kante übersteht und sich eine typische Stollenform ergibt. Mit der Handkante die Form fest andrücken. Aus dem Teig ragende Früchte auf der Oberseite des Teigs entfernen, sie verbrennen sonst beim Backen. Die Stollen auf ein mit Backpapier belegtes Blech legen und abgedeckt ca. 30 Min. bei Zimmertemperatur ruhen lassen.

Den Backofen auf 220 °C vorheizen. Die Stollen in den Backofen schieben und die Temperatur sofort auf 180 °C reduzieren. 45–50 Min. backen.

Die Stollen kurz abkühlen lassen und noch heiß mit der zerlassenen Butter bestreichen. Danach großzügig mit Puderzucker bestäuben. Die Stollen gut verpackt an einem kühlen Ort (12–16 °C) mindestens 3–4 Tage durchziehen lassen.

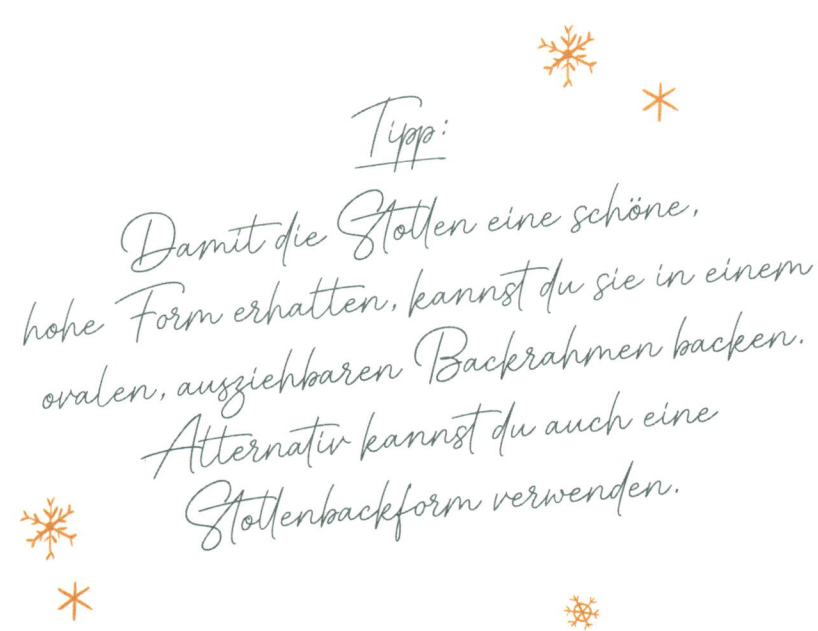

Tipp:

Damit die Stollen eine schöne, hohe Form erhalten, kannst du sie in einem ovalen, ausziehbaren Backrahmen backen. Alternativ kannst du auch eine Stollenbackform verwenden.

BARBARA PRONNET

Der Weihnachtsteller

Als ich zusammen mit meinen gleich aussehenden Kollegen in den bunten Weihnachtsteller gelegt wurde, war mir schnell klar, jetzt heißt es warten und reifen bis zum Fest. Ich roch herrlich nach Butter und Rum und meine Zuckerglasur stand mir besonders gut.

„He", rief eine dicke Marzipankartoffel neben mir, „mach dich nicht so breit!"

„Du musst reden", beschwerte sich eine herrlich aussehende Kokosmakrone rechts von mir, „du machst dich doch breit wie ein fetter Christstollen." Sie lächelte mir freundlich zu und ich strahlte zurück. Was wäre wohl, träumte ich, wenn wir unsere Zutaten zusammenmischten? Es käme bestimmt etwas besonders Süßes heraus. Ich sah mich um. Ein bisschen eng war's schon auf diesem bunten Teller, aber die Farbenpracht und der Geruch waren einmalig. Ich freute mich schon auf den großen Tag. Wenn eine kleine Kinderhand nach mir greifen und mich genussvoll verschlingen würde.

Das ist eben für uns Plätzchen die Krönung. Meine nette Kokosmakrone neben mir war eingeschlafen. Ihr zarter Duft machte mich ganz schwindelig.

„Bist du neu hier?" Ich äugte nach links oben, von wo diese tiefe Stimme kam, und schaute auf den wohl bestgelungenen Gewürzlebkuchen aller Zeiten. Er strotzte nur so vor Korinthen, Rosinen und Schokostückchen.

„Ja, ich bin noch ganz warm", sagte ich.

„Du siehst sehr appetitlich aus, so rund und saftig", lobte er mich.

„Danke, aber nichts gegen dich. Du bist fantastisch." Der Lebkuchen rekelte sich richtig unter meinem Kompliment. „Stimmt, ich bin wirklich gut gelungen. Die Hausherrin probierte ein neues Rezept. Sie hat sich sehr viel Mühe gegeben."

„Ach papperlapapp", schimpfte die dicke Marzipankartoffel aufs Neue. „Ihr mit eurem Geschwätz. Spätestens bis zum 2. Weihnachtsfeiertag werdet ihr einfach in volle Bäuche gestopft und keiner wird sich mehr an euer Aussehen erinnern oder an euren Geruch. Ihr seid eingebildete Narren."

„Vielleicht hast du recht", pflichtete ich ihr bei, „aber unsere Aufgabe ist es nun mal, gut auszusehen und zu schmecken."

„Wenn du so weiter meckerst", lachte ein Butterplätzchen schräg oben von uns, „wird dich keiner mehr vernaschen, weil du nämlich bis dahin sauer geworden bist."

Wir lachten alle schallend und die Marzipankartoffel wurde ganz dunkelbraun vor Wut. Meine süße Kokosmakrone war aufgewacht und hatte uns eine Weile wortlos zugehört.

„Versteht ihr denn den Sinn dieses Festes überhaupt nicht? Es geht doch nicht darum, wer am besten gelungen ist, die schönste Farbe hat und am leckersten schmeckt. Oder wer den besten Platz im runden Teller hat. Wichtig ist nur, dass wir alle, wie wir hier liegen, Freude bereiten und dazu beitragen, dass es ein gelungenes und frohes Fest wird. Und wenn wir uns bis dahin alle vertragen, werden sich unsere Aromen vermischen und wir alle werden unvergesslich schmecken."

Es wurde sehr still im bunt gemischten Weihnachtsteller. Die Marzipankartoffel rutschte noch ein bisschen weiter nach unten, aber sie sagte nichts mehr. Die anderen nickten zustimmend.

Ich schaute stolz auf meine kleine Kokosmakrone, denn was sie gerade sagte, ist das beste Rezept, was je geschrieben wurde.

Elisenlebkuchen vom Blech

FÜR 1 BLECH

Für den Teig
· 40 g Orangeat
· 40 g Zitronat
· 5 Eier (Größe M)
· 120 g brauner Zucker
· 115 g Marzipanrohmasse
· 2 g Hirschhornsalz,
  alternativ 2 g Backpulver

· 200 g gemahlene Mandeln
· 200 g gemahlene Haselnusskerne
· 100 g Mandelstifte
· 50 g Weizenmehl
  (Type 405 oder 550)
· 10 g Lebkuchengewürz
· 1 Prise Salz
· 1 Handvoll blanchierte Mandeln

Außerdem
· 150 g Puderzucker
· 4–5 EL Wasser
· Backblech (30 cm x 40 cm)

Den Backofen auf 175 °C vorheizen. Orangeat und Zitronat mit einem Blitzhacker oder einem Messer sehr fein hacken.

Die Eier mit dem Zucker cremig schlagen. Marzipan mit etwa der Hälfte der Eimasse glatt rühren. Ein wenig Eimasse abnehmen, das Hirschhornsalz darin auflösen und die Mischung mit der Eimasse verrühren.

Orangeat, Zitronat, gemahlene Mandeln und Haselnusskerne, Mandelstifte, Mehl, Lebkuchengewürz und Salz mischen und in die Eimasse

rühren. Den Teig auf ein mit Backpapier ausgelegtes Blech streichen und mit den blanchierten Mandeln belegen. 20 Min. backen.

Die Lebkuchenplatte aus dem Ofen nehmen und etwas abkühlen lassen. Puderzucker und Wasser zu einer recht flüssigen Glasur verrühren und die Lebkuchenplatte damit bestreichen. Auskühlen lassen und in Stücke schneiden.

Weihnachtliche Madeleines

Zitronen-Ingwer-Madeleines

FÜR 30 STÜCK

· Abrieb von 2 Bio-Zitronen
· 125 g Zucker
· 2 Eier (Größe L)
· 125 g Mehl (Type 405)
  plus etwas für die Form

· 1 TL Backpulver
· 1 Prise Salz
· 125 g flüssige Butter
  plus etwas für die Form
· 1 TL frisch geriebener Ingwer

Außerdem
· Madeleine-Form
· 100 g Puderzucker
· 3–4 EL Zitronensaft

Zitronenabrieb und Zucker in eine Schüssel geben und mit der Rückseite eines Löffels verreiben, um den Zucker mit dem Öl aus der Zitronenschale zu tränken. Eier mit dem Schneebesen unterrühren, bis sich der Zucker aufgelöst hat. Mehl, Backpulver und Salz in die Eiermasse sieben und mit dem Schneebesen unterheben, bis eine homogene Masse entsteht. Flüssige Butter und Ingwer untermengen.

Den Teig in einen Spritzbeutel füllen. Den Spritzbeutel mit einem Gefrierbeutelclip verschließen und mindestens 1 Std. in den Kühlschrank legen. Das Kühlen des Teigs ist wichtig, damit sich später die typischen „Beulen" bilden.

Den Backofen auf 180 °C vorheizen. Die Madeleine-Form fetten und mit Mehl ausstäuben. Jeweils 1 gehäuften TL Teig in die Mulden drücken (siehe Tipp). Die Madeleines 8–11 Min. backen, bis die Ränder beginnen, zu bräunen. Die Madeleines aus dem Ofen nehmen, ca. 1 Min. abkühlen lassen und aus der Form lösen.

Puderzucker und Zitronensaft zu einer glatten und recht flüssigen Glasur verrühren. Die noch warmen Madeleines mit der Glasur bestreichen und zum Trocknen auf ein mit Backpapier ausgelegtes Blech setzen.

→ *Fortsetzung auf der nächsten Seite*

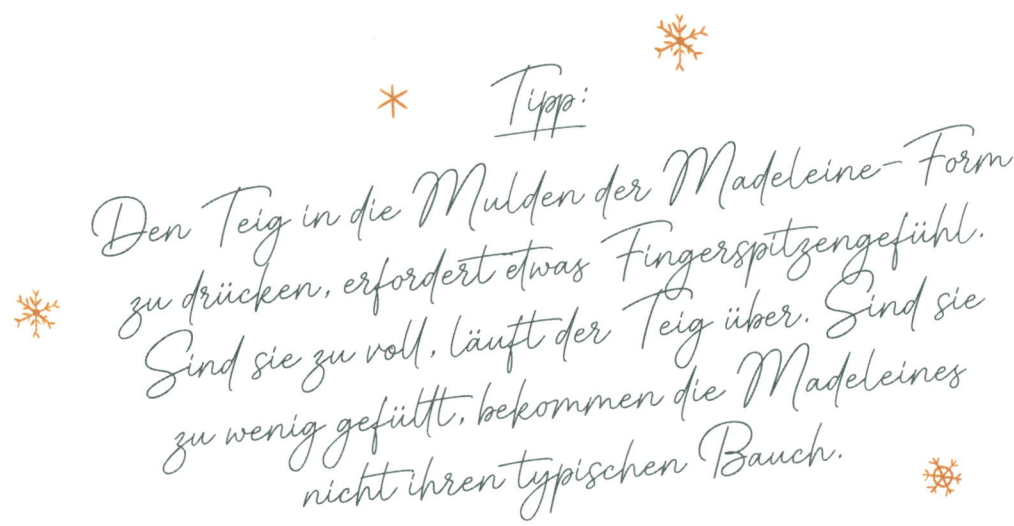

Tipp:

Den Teig in die Mulden der Madeleine-Form zu drücken, erfordert etwas Fingerspitzengefühl. Sind sie zu voll, läuft der Teig über. Sind sie zu wenig gefüllt, bekommen die Madeleines nicht ihren typischen Bauch.

Spekulatius-Madeleines

FÜR 30 STÜCK

· *125 g Zucker*
· *2 Eier (Größe L)*
· *1 TL Vanillepaste*
· *125 g Mehl*
  plus etwas für die Form

· *1 TL Backpulver*
· *1 Prise Salz*
· *1 TL Spekulatiusgewürz*
· *125 g flüssige Butter*
  plus etwas für die Form

Außerdem
· *Madeleine-Form*
· *100 g weiße Kuvertüre*
· *Pistazien*

Zucker, Eier und Vanillepaste mit dem Schneebesen verrühren, bis sich der Zucker aufgelöst hat. Mehl, Backpulver, Salz und Spekulatiusgewürz in die Eiermasse sieben und mit dem Schneebesen unterheben, bis eine homogene Masse entsteht. Flüssige Butter untermengen.

Den Teig in einen Spritzbeutel füllen. Den Spritzbeutel mit einem Gefrierbeutelclip verschließen und mindestens 1 Std. in den Kühlschrank legen. Das Kühlen des Teigs ist wichtig, damit sich später die typischen „Beulen" bilden.

Den Backofen auf 180 °C vorheizen. Die Madeleine-Form fetten und mit Mehl ausstäuben. Jeweils 1 gehäuften TL Teig in die Mulden drücken (siehe Tipp). Die Madeleines 8–11 Min. backen, bis die Ränder beginnen, zu bräunen. Die Madeleines aus dem Ofen nehmen, ca. 1 Min. abkühlen lassen und aus der Form lösen.

Weiße Kuvertüre über dem Wasserbad schmelzen. Die Pistazien fein hacken. Madeleines mit einer Seite in die Kuvertüre tauchen und mit Pistazien bestreuen. Zum Trocknen auf ein Kuchengitter setzen.

Springerle

FÜR 40–50 STÜCK

Für den Teig
· 500 g Puderzucker
· 500 g Weizenmehl (Type 405) plus etwas zum Verarbeiten
· 190–200 g zimmerwarme Eier (3 Eier Größe L oder 4 Eier Größe M)
· ½ TL Hirschhornsalz

Außerdem
· Bäckerstärke oder Mehl zum Verarbeiten
· 2 TL Anissamen
· Springerle-Model

Für den Teig Puderzucker und Mehl getrennt voneinander sieben. Die Eier mit dem Hirschhornsalz in einer Küchenmaschine oder mit dem Handrührer ca. 2 Min. schaumig schlagen. Den Puderzucker esslöffelweise zugeben. Die Masse mindestens weitere 10 Min. cremig schlagen. Das Mehl ebenfalls esslöffelweise unterrühren. Den noch relativ weichen Teig abgedeckt 2 Std. in den Kühlschrank stellen.

Den Teig auf der leicht bemehlten Arbeitsfläche portionsweise ca. 8 mm dick ausrollen. Den restlichen Teig immer wieder abdecken, damit er nicht austrocknet. Die Oberfläche des ausgerollten Teigs mit etwas Mehl bestäuben. Den Model mit etwas Mehl ausstäuben und fest in den Teig drücken. Springerle ausstechen oder ausschneiden und jeweils auf einem Küchentuch 1–2 Tage trocknen lassen, je nach Luftfeuchtigkeit und Zimmertemperatur. Damit die Motive beim Backen nicht verlaufen, muss die Springerle-Oberfläche ganz trocken sein.

Den Backofen auf 150 °C vorheizen. Ein Backblech mit Backpapier auslegen, Anis darauf verteilen. Die Springerle-Unterseite befeuchten, dazu die Springerle einzeln kurz auf ein gut feuchtes Tuch legen. Dabei darauf achten, dass die Oberfläche und die Seiten der Springerle trocken bleiben. Durch die feuchte, weiche Unterseite gehen die Springerle beim Backen nach unten auf und bilden so die typischen Füße.

Die Springerle auf das Backpapier legen und 10–15 Min. backen. Die Temperatur auf 125 °C reduzieren und die Springerle weitere 10 Min. backen. Auskühlen lassen und in einer Pappschachtel an einem feuchten Ort aufbewahren, zum Beispiel auf dem Balkon oder in einem kühlen Keller.

Schokobrot

FÜR 1 BLECH

Für den Teig
· 250 g Zartbitterschokolade
· 250 g weiche Butter
· 200 g Zucker
· 6 Eier (Größe M)
· 200 g gemahlene Mandeln
· 150 g Dinkelmehl (Type 630)
· 2 TL Backpulver

Außerdem
· Backrahmen (30 cm x 40 cm)
· 150 g Zartbitterkuvertüre

Den Backofen auf 180 °C vorheizen. Schokolade fein hacken. Butter mit dem Zucker hell cremig aufschlagen. Die Eier nacheinander zugeben und jedes Ei 30 Sek. unterrühren, bevor das nächste eingearbeitet wird. Mandeln, Mehl und Backpulver vermengen und möglichst rasch unter die Butter-Ei-Masse rühren. Schokolade unterheben.

Den Backrahmen auf ein mit Backpapier ausgelegtes Backblech legen, die Masse einfüllen und glatt streichen. 25–30 Min. backen. Gegen Ende der Backzeit eine Garprobe machen.

Das fertige Schokobrot aus dem Ofen nehmen und auskühlen lassen. Die Kuvertüre über dem heißen Wasserbad schmelzen und das Schokobrot damit bestreichen. Das Brot zum Schluss in Stücke schneiden.

Mandel-Marzipan-Kipferl mit Orange

FÜR 35 STÜCK

Für den Teig
· *200 g Marzipanrohmasse*
· *150 g gemahlene Mandeln*
· *1 Eiweiß (Größe M)*
· *Abrieb von 1 Bio-Orange*
· *75 g Puderzucker*

Außerdem
· *1 Eiweiß (Größe M)*
· *ca. 75 g Mandelblättchen*
· *150 g Zartbitterkuvertüre*

Den Backofen auf 200 °C vorheizen. 2 Backbleche mit Backpapier belegen.

Für den Teig Marzipan, Mandeln, Eiweiß und Orangenabrieb in eine Schüssel geben. Puderzucker darübersieben und die Zutaten mit dem Knethaken des Rührgeräts gut verkneten. Mit einem Teelöffel Teig abstechen (je ca. 13 g) und den Teig zu Kipferl formen.

Eiweiß in eine kleine Schüssel füllen. Die Mandelblättchen mit den Fingern etwas zerkleinern und in eine zweite Schüssel geben. Die Kipferl mit

Eiweiß bestreichen oder im Eiweiß wenden, anschließend in den Mandelblättchen wälzen und auf die Backbleche setzen. 10 Min. goldbraun backen. Herausnehmen und auskühlen lassen.

Kuvertüre über dem heißen Wasserbad schmelzen. Die Enden der Kipferl in die Kuvertüre tauchen. Die Kipferl auf ein Kuchengitter setzen und die Kuvertüre trocknen lassen.

Zimtsterne

FÜR 40 STÜCK

Für den Teig
· 2 Eiweiß (Größe M)
· 1 Prise Salz
· 150 g Puderzucker
· 200 g gemahlene Mandeln
· 150 g gemahlene Haselnusskerne
· 2 TL Zimt
· ½ TL Vanillepaste

Für die Glasur
· 1 Eiweiß (Größe M)
· 1 Prise Salz
· 100 g Puderzucker
· etwas Zitronensaft oder Wasser

Außerdem
· gemahlene Mandeln oder
  Haselnusskerne zum Verarbeiten
· Sternausstecher

Für den Teig Eiweiße mit Salz halbsteif schlagen. Nach und nach den Puderzucker darübersieben, dabei den Eischnee immer weiter schlagen, bis er sehr steif ist.

Mandeln, Haselnusskerne und Zimt mischen und mit der Vanillepaste unter den Eischnee heben. Den Teig in Frischhaltefolie gewickelt mindestens 1 Std. im Kühlschrank ruhen lassen.

Den Teig auf der mit gemahlenen Mandeln oder Haselnusskernen bestreuten Arbeitsfläche knapp 1 cm dick ausrollen. Sterne ausstechen. Die Formen zwischendurch immer wieder in kaltes Wasser tauchen, damit der Teig nicht anklebt. Die Sterne auf mit Backpapier ausgelegte Backbleche setzen.

Den Backofen auf 100 °C Umluft vorheizen. Für die Glasur das Eiweiß mit Salz steif schlagen, dabei nach und nach den gesiebten Puderzucker einrieseln lassen. Einige Minuten weiterschlagen, bis eine cremige, weiß glänzende Masse entstanden ist. Die Glasur nach Bedarf mit etwas Zitronensaft oder Wasser verdünnen, falls sie zu fest ist. Die Glasur mit einem Löffel oder mithilfe eines Spritzbeutels (mit sehr kleiner Öffnung) auf die Sterne auftragen, dabei einen kleinen Rand lassen.

Die Zimtsterne etwa 15 Min. im Backofen trocknen lassen, je nach Dicke der Sterne. Sie sind nach dem Backen noch weich, werden beim Abkühlen aber fester. Zimtsterne auf einem Kuchengitter abkühlen lassen.

Schoko-Husaren-krapfen mit Salz-karamell-Füllung

FÜR 45 STÜCK

Für den Teig
· 150 g weiche Butter
· 70 g Puderzucker
· 1 TL Vanillezucker
· 1 Prise Salz
· 2 Eigelb (Größe M)
· 220 g Mehl plus
  etwas zum Verarbeiten
· 40 g Kakaopulver

Für die Füllung
· 65 g Zucker
· 80 ml Sahne
· 15 g Butter
· ½ TL Meersalz

Außerdem
· 1 Handvoll Haselnusskerne,
  klein gehackt (optional)

Für den Teig Butter mit Puderzucker, Vanillezucker und Salz cremig rühren. Eigelbe unterrühren. Mehl und Kakaopulver zugeben und die Masse so kurz wie möglich zu einem Teig kneten. Der Teig sollte sich gut vom Schüsselrand lösen und nicht zu klebrig sein. Bei Bedarf noch etwas Mehl zugeben.

Den Teig aus der Rührschüssel nehmen und von Hand auf der leicht bemehlten Arbeitsfläche nur so lange kneten, bis er glatt ist. Zu einem flachen Ziegel formen und in Frischhaltefolie gewickelt 45–60 Min. im Kühlschrank ruhen lassen.

Den Backofen auf 180 °C vorheizen. Backbleche mit Backpapier auslegen. Mit einem Teelöffel Teig abstechen (je ca. 10 g) und den Teig zu Kugeln formen. Die Kugeln mit etwas Abstand auf die Backbleche setzen und mit einem Glasboden oder der Hand vorsichtig ein wenig flachdrücken. Einen Holzkochlöffelstiel in etwas Mehl tauchen und

damit kleine Mulden in die Kugeln drücken. Darauf achten, dass der Teig nicht mehr zu kalt ist, sonst reißen die Teigkugeln beim Hineinstechen.

Die Husarenkrapfen ca. 12 Min. backen. Aus dem Ofen nehmen und auf einem Küchengitter abkühlen lassen.

Für die Füllung den Zucker in einer Pfanne bei mittlerer Hitze langsam karamellisieren. Sahne, Butter und Meersalz zugeben. Auf niedriger Stufe rühren, bis eine dickflüssige Soße entsteht. Die Masse etwas abkühlen lassen und in einen Spritzbeutel füllen. Ein kleines Loch an der Beutelecke schneiden und die Husarenkrapfen mit Salzkaramell füllen. Nach Wunsch die Haselnusskerne fein hacken und die Husarenkrapfen damit bestreuen. Auskühlen lassen und in Plätzchendosen aufbewahren.

Chai-Spitzbuben mit Hagebuttenfüllung

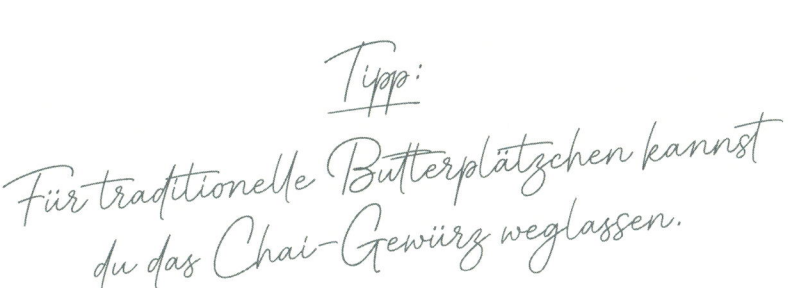

Tipp:
Für traditionelle Butterplätzchen kannst du das Chai-Gewürz weglassen.

FÜR 30 STÜCK

Für den Teig
· *140 g weiche Butter*
· *70 g Puderzucker*
· *1 TL Vanillezucker*
· *1 Prise Salz*

· *1 Eigelb (Größe M)*
· *210 g Mehl plus
    etwas zum Verarbeiten*
· *1 ½ TL Chai-Gewürz*

Außerdem
· *Ausstechformen*
· *4 EL Hagebuttenkonfitüre*
· *Puderzucker zum Bestäuben*

Butter mit Puderzucker, Vanillezucker und Salz mit den Knethaken vermengen, aber nicht schaumig schlagen. Eigelb, Mehl und Chai-Gewürz zugeben und die Masse so kurz wie möglich zu einem Teig kneten. Der Teig sollte sich gut vom Schüsselrand lösen und nicht zu klebrig sein.

Den Teig aus der Rührschüssel nehmen und von Hand auf der leicht bemehlten Arbeitsflache nur so lange kneten, bis er glatt ist. Zu einem flachen Ziegel formen und in Frischhaltefolie gewickelt 30–60 Min. im Kühlschrank ruhen lassen.

Den Backofen auf 180 °C vorheizen. Backbleche mit Backpapier auslegen. Den Mürbeteig portionsweise auf der dünn bemehlten Arbeitsfläche zuerst etwas weich kneten, dann mit der Hand flach drücken und 3–4 mm dick ausrollen. Die Plätzchen ausstechen, bei der Hälfte der Plätzchen ein rundes oder sternförmiges Loch in der Mitte ausstechen.

Die Plätzchen 6–7 Min. backen. Aus dem Ofen nehmen und auf einem Kuchengitter auskühlen lassen.

Die Konfitüre in einem kleinen Topf erwärmen, dann abkühlen lassen. Die Plätzchen ohne Loch mit der Füllung bestreichen, dabei immer einen Rand frei lassen. Die Plätzchen mit Loch mit Puderzucker bestäuben und vorsichtig auf die mit Konfitüre bestrichenen Teile setzen.

FRANZ VON POCCI

Winters Einzug

Nun zieht mit seiner ganzen Macht
Herr Winter wieder ein.
Vergangen ist der Fluren Pracht,
erbleicht der Sonne Schein.

Weh uns! Schon naht der kalte Mann
mit seinem weißen Bart!
Wer Arm und Beine rühren kann,
kommt, hemmet seine Fahrt! –

Schließt Tür und Tor und Fenster zu,
und lasst ihn nicht herein,
dass er uns nichts zuleide tu!
Es friert ja Groß und Klein.

Bringt eine lange, lange Nacht
und einen kurzen Tag,
des Schneegestöbers Flockenjagd
und noch so manche Plag.

Doch kennt er viele Freuden auch,
bringt neuer Märchen Traum
und hat – es ist sein alter Brauch –
bei sich den Weihnachtsbaum.

Eisblumen malt ans Fenster er
in weißem Blütenkranz,
die freuten uns noch immer sehr
mit ihrem Zauberglanz.

Herein, herein denn, Wintermann!
Komm, setz dich zum Kamin!
Wärm deine kalten Hände dran
und auf ein Märchen sinn! –

Erzähl es dann – wir hören zu,
wir haben sorgsam acht,
und ist es aus, gehn wir zur Ruh
und wünschen gute Nacht.

CHARLES DICKENS

Eine Weihnachts-
geschichte

Der Tag kam heran. Ein stürmischer
Wintertag, an dem das alte Haus zuweilen
erzitterte, als schauderte es vor Kälte. Ein
Tag, der ein Heim doppelt traulich macht
und ein Kaminfeuer doppelt fröhlich, wenn
rötliche Glut auf den Gesichtern tanzt und
man sich am Feuer zu engerem, geselligem
Bunde gegen die draußen tobenden Elemente
drängt. An solch einem wilden Wintertag
sperrt man die Nacht hinaus und verhängt
die Fenster. Da ist Lachen, Tanz und Musik.
Da sind Lichterpracht, gesellige Freuden und
fröhliche Gesichter am Platze.

It's a holly jolly Christmas

Am Weihnachtsabend mit der Familie oder bei der Feier mit den Freunden dürfen die richtigen Getränke nicht fehlen. Vom wärmenden Punsch nach dem Schneespaziergang bis zum festlichen Cocktail bleiben hier keine Wünsche offen.

Weißer Glühwein

Tipp:

Statt mit Weißwein kannst du den Glühwein auch mit trockenem Rotwein zubereiten.

FÜR 4 PORTIONEN

· 1 Stück Ingwer (2 cm)
· 2 Bio-Orangen
· 1 Bio-Zitrone
· 750 ml Weißwein
(z. B. Silvaner, Weiß- oder
Grauburgunder, Chardonnay)
· 3 Gewürznelken
· 2 Zimtstangen
· 2 Stück Sternanis
· 2–3 EL Ahornsirup oder Honig

Ingwer schälen und in Scheiben schneiden. Orangen und Zitrone heiß abwaschen und trocken tupfen. 1 Orange auspressen, den Saft in einen mittelgroßen Topf geben. Die anderen Zitrusfrüchte in Scheiben schneiden und zusammen mit den restlichen Zutaten zum ausgepressten Saft geben.

Den Glühwein erhitzen, aber nicht kochen. Bei geschlossenem Deckel 30–45 Min. ziehen lassen. Glühwein durch ein Sieb gießen und heiß servieren.

Tipp:

Je nach verwendetem Wein und je nach Vorliebe kannst du den Glühwein etwas nachsüßen. Am besten schmeckst du ihn vor dem Genießen erneut mit Ahornsirup oder Honig ab.

Warme Winter-Sangria

Orangen und Zitrone heiß abwaschen und trocken tupfen. Die Schale von 1 Orange und der Zitrone mit einem Sparschäler abschälen. Die Orangen schälen, das Fruchtfleisch in Scheiben schneiden und vierteln. Die Zitrone auspressen.

Zitronensaft, Rotwein, Orangensaft, Orangenlikör, Gewürze (am besten in einem Gewürzsäckchen), Zitronen- und Orangenschalen sowie die Cranberrys in einem Topf erwärmen, aber nicht kochen.

Die Äpfel schälen, vom Kerngehäuse befreien und in mundgerechte Stücke schneiden. Apfel- und Orangenstücke in den Topf geben und in der Flüssigkeit ziehen lassen.

Die Gewürze sowie Zitronen- und Orangenschalen herausnehmen. Die Sangria mit Honig oder Agavendicksaft abschmecken und mit Teelöffeln oder kleinen Spießchen servieren.

FÜR 4 PORTIONEN

· 3 Bio-Orangen
· 1 Bio-Zitrone
· 750 ml trockener Rotwein
· 200 ml Orangensaft
· 100 ml Orangenlikör
· 2 Stück Sternanis
· 2 Zimtstangen
· 100 g Cranberrys
· 2 kleine Äpfel
· 2–3 EL Honig oder
  Agavendicksaft

Wärmender Birnenpunsch

·alkoholfrei·

FÜR 4 PORTIONEN

· *2 kleine Birnen*
· *1 Bio-Zitrone*
· *1 Zweig Rosmarin*
· *1 l Birnensaft*
· *2–3 EL Ahornsirup oder Honig*
· *2 Zimtstangen*
· *1 Stück Sternanis*
· *3 Gewürznelken*

Die Birnen schälen, vom Kerngehäuse befreien und in Spalten oder Würfel schneiden. Die Zitrone heiß abwaschen, trocken tupfen, die Schale mit dem Sparschäler abschneiden und den Saft auspressen. Rosmarin waschen, trocken tupfen und andrücken.

Birnen- und Zitronensaft sowie Zitronenschale, Ahornsirup oder Honig und Gewürze (am besten in einem Gewürzsäckchen) in einen Topf geben. Birnenstücke und Rosmarin zufügen.

Die Flüssigkeit aufkochen. Anschließend die Hitze reduzieren und den Punsch ca. 45 Min. bei niedriger Hitze sanft ziehen lassen.

Gewürze und Rosmarin entfernen und den Punsch mit den Birnenstücken heiß servieren.

It's a holly jolly Christmas

Tipsy Rudolph
Cranberry-Thymian-Spritz

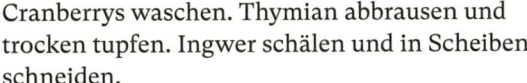

Cranberrys waschen. Thymian abbrausen und trocken tupfen. Ingwer schälen und in Scheiben schneiden.

Cranberrys, Thymian und Ingwer, Zucker und Wasser in einem Topf 6–8 Min. zu einem dickflüssigen Sirup einköcheln lassen. Vom Herd nehmen und auskühlen lassen. Ingwer und Thymian entfernen, Cranberrys nach Wunsch abseihen.

Orange heiß abwaschen, trocken tupfen. 2 Scheiben abschneiden und diese halbieren. Eiswürfel auf 4 Wein- oder Cocktailgläser verteilen, den Sirup angießen. Prosecco zugeben und die Gläser nach Wunsch mit Mineralwasser aufgießen. Orangenscheiben zufügen, mit Thymianzweigen garnieren und servieren.

FÜR 4 PORTIONEN

- *100 g Cranberrys*
- *2 Zweige Thymian*
- *1 Stück Ingwer (1 cm)*
- *100 g Zucker*
- *100 ml Wasser*
- *½ Bio-Orange*
- *Eiswürfel*
- *750 ml Prosecco*
- *Mineralwasser zum Aufgießen*

Außerdem
- *Thymianzweige zum Dekorieren*

Yule Mule

Moscow Mule
mit Zimt und Birnen

FÜR 4 PORTIONEN

· 2 Bio-Limetten
· Eiswürfel
· 300 ml Birnensaft
· 500 ml Gingerbeer
· 24 cl Wodka
· 1 Msp. Zimt

Außerdem
· 4 Moscow-Mule-Becher
· 4 Zimtstangen
· einige Birnenscheiben
  zum Anrichten
· etwas Zimt zum Bestreuen
  (optional)

Die Limetten halbieren. Eiswürfel auf die Becher verteilen und jeweils den Saft von ½ Limette hineinpressen.

Birnensaft, Gingerbeer, Wodka und Zimt mischen. Auf die Becher verteilen und kräftig umrühren. Jeweils mit 1 Zimtstange und einigen Birnenscheiben garnieren und servieren. Zum Schluss nach Wunsch mit etwas Zimt bestreuen.

Frosty the Snowman

Kokos-Orangen-Cocktail mit Granatapfel

Den Rand von 4 Cocktailgläsern zuerst in Wasser, dann in Kokosraspel tauchen.

Kokosmilch, Whiskey, Cointreau und Orangensaft in einem Cocktailshaker mixen. Die Gläser zur Hälfte mit Crushed Ice füllen und den Cocktail darübergießen.

Mit einem Spritzer Mineralwasser auffüllen und mit Granatapfelkernen garnieren.

FÜR 4 PORTIONEN

· *240 ml ungesüße Kokosmilch*
· *60 ml Bourbon Whiskey*
· *60 ml Cointreau*
· *120 ml Orangensaft*
· *Mineralwasser zum Aufgießen*
· *Kerne von ½ Granatapfel*

Außerdem
· *4 Cocktailgläser*
· *1 Schüssel Wasser*
· *1 Schälchen Kokosraspel*
· *Crushed Ice*

The Mistletoe Kiss

Grapefruit Fizz

· alkoholfrei ·

FÜR 4 PORTIONEN

· 1 Stück Ingwer (2 cm)
· 2 Zweige Rosmarin
· 80 g Zucker
· 100 ml Wasser
· 200 ml Grapefruitsaft
· Saft von 2 Limetten
· Eiswürfel
· Mineralwasser zum Aufgießen

Außerdem
· 4 Cocktailgläser
· 4 Zweige Rosmarin
· gezuckerte Cranberrys

Ingwer schälen und in Scheiben schneiden. Rosmarin abbrausen und trocken tupfen. Ingwer, Rosmarin, Zucker und Wasser in einem Topf aufkochen. Anschließend bei niedriger Hitze ca. 10 Min. zu Sirup einkochen lassen. Durch ein Sieb gießen und auskühlen lassen.

Grapefruit- und Limettensaft vermischen und mit dem Sirup vermengen.

Eiswürfel auf 4 Cocktailgläser verteilen. Mit dem Grapefruitsaft-Sirup-Gemisch auffüllen und nach Wunsch mit Mineralwasser aufgießen.

Rosmarinzweige abbrausen, trocken tupfen und leicht andrücken. Cranberrys auf die Rosmarinzweige spießen und die Zweige in die Cocktailgläser geben.

It's a holly jolly Christmas

CHARLES DICKENS

Frohe Weihnachten
und ein glückliches neues Jahr!

Es gibt Leute, die dir sagen werden, dass Weihnachten auch nicht mehr das ist, was es einmal war. Höre nicht auf sie. Es gibt wenige, die alt geworden sind auf dieser Erde, die nicht an jedem beliebigen Tag im Jahr solche Gedanken wachrufen können. Aber suche dir doch für deine trostlosen Erinnerungen nicht eben den fröhlichsten unserer 365 Tage aus. Rücke lieber deinen Stuhl näher an das flackernde Feuer, fülle dein Glas, stimme ein Lied an und sei dankbar, dass alles nicht noch schlimmer ist. Denke nach über den Segen, der dir reichlich zuteilwurde – und er ist bei keinem gering –, und nicht über vergangenes Missgeschick, das jedem widerfährt. Fülle dein Glas abermals, mit fröhlichem Gesicht und zufriedenem Herzen. Dein Weihnachten soll ein fröhliches und dein neues Jahr ein glückliches sein!

ANNA RITTER

Vom Christkind

Denkt euch, ich habe das Christkind gesehn!
Es kam aus dem Wald, das Mützchen voll Schnee,
mit rot gefrorenem Näschen.

Denn es trug einen Sack,
der war gar schwer,
schleppte und polterte hinter ihm her.

Was drin war, möchtet ihr wissen?
Ihr Naseweise, ihr Schelmenpack,
meint ihr, er wäre offen, der Sack?

Zugebunden bis oben hin!
Doch war gewiss etwas Schönes drin,
es roch so nach Äpfeln und Nüssen!

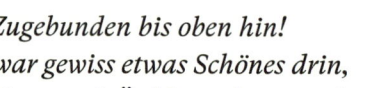

Rezeptregister

A

Apfel-Orangen-Konfitüre mit Espresso 137

B

Backmischung für Hot Chocolate Cookies 133

Blumenkohlsuppe mit Pistazien-Dukkah 13

Boeuf Bourguignon mit Kartoffelpüree 67

Brandteig-Kränze mit Nougatsahne
und Cranberry-Kompott 93

Bratäpfel mit Pumpernickel-Bröseln
und Calvados-Sahne 117

Brownie-Tannenbäumchen 78

Bunte-Bete-Carpaccio mit Blutorangenvinaigrette, Ziegenkäsecreme und
karamellisierten Walnüssen 44

Bunte-Bete-Tarte-Tatin mit Frischkäsecreme 33

C

Chai-Spitzbuben mit Hagebuttenfüllung 175

D

Dreierlei Salzmischungen 134

    Curry und Limette
    Ingwer und Zitrone
    Rosmarin und geräucherte Paprika

E

Eierpunsch-Törtchen mit
Frischkäse-Frosting 108

Elisenlebkuchen vom Blech 158

Espresso-Kardamom-Trüffel 130

F

Festlicher Pavlova-Kranz mit
Quark-Sahne-Creme und Himbeersoße 85

Festtagsente mit Orangensoße,
Birnen-Rotkohl und Knödeln 63

Frosty the Snowman
(Kokos-Orangen-Cocktail mit Granatapfel) 193

G

Gebackenes Orangen-Hähnchen
mit Rosmarinbutter und Cranberrys 29

Geröstete Maronen mit Rosmarin
und Honigbutter 17

Geröstete Süßkartoffel-Möhren-Suppe 10

Geschmorte Rinderrouladen 35

Gewürzkuchen mit Birnen 81

Glühwein-Crumble mit Äpfeln und Beeren 118

H

Hasselback-Kürbisse mit Fetabröseln
und Dip 20

Hefestern mit Gebrannter-Mandel-Füllung 99

K

Kürbis-Ravioli mit Rosmarinbutter
und Feigen 71

L

Lachs mit Nusskruste und
Rosmarin-Ofenkartoffeln 23

Lebkuchen-Granola 140

Lebkuchenhaus 145

Lebkuchen-Hefeschnecken 89

Lebkuchen-Mousse mit
    Orangen-Minze-Salat 112

M

Mandel-Marzipan-Kipferl mit Orange 169

Maronensuppe mit Feigen-Orangen-Gremolata
    und Knoblauch-Garnelen 50

Marzipan-Pannacotta mit Punschkirschen 121

Marzipanstollen 153

O

Ofenforelle mit Mandelbutter
    und Wurzelgemüse 57

S

Schokobrot 168

Schoko-Husarenkrapfen mit
    Salzkaramell-Füllung 173

Schwarzwald-Torte mit Glühwein-Kirschen 103

Schwarzwurzelsuppe mit Filo-Röllchen 47

Süßkartoffel-Walnuss-Kuchen
    mit Chai-Glasur 82

Springerle 167

T

The Mistletoe (Kiss Grapefruit Fizz) 194

Tipsy Rudolph (Cranberry-Thymian-Spritz) 189

W

Warme Winter-Sangria 183

Wärmender Birnenpunsch 184

Weihnachtliche Madeleines 161

Spekulatius-Madeleines 162

Zitronen-Ingwer-Madeleines 161

Weißer Glühwein 180

White Christmas Cheesecake 90

Wintergrießbrei mit Gewürzbirnen 111

Winterminestrone mit
    Zitronen-Polenta-Croûtons 14

Wintersalat mit Preiselbeerdressing
    und Blauschimmelkäse 53

Y

Yule Mule
    (Moscow Mule mit Zimt und Birnen) 190

Z

Zimtsterne 172

Zutatenregister

A

Ahornsirup 29, 33, 44, 180, 184
Amaretto 153
Anissamen 167
Apfel 50, 53, 117, 118, 137, 183
Apfelessig 10, 33, 44
Aprikosen, getrocknete 153

B

Balsamico 20, 57

Bete

    Bunte Bete 33, 44
    Rote Bete 44, 57

Beerenmischung 118
Birne 44, 63, 81, 111, 184
Birnensaft 63, 111, 184
Bittermandelaroma 153
Blätterteig 33
Blauschimmelkäse 53
Blumenkohl 13
Bohnen 14
Bourbon Whiskey 193

C

Calvados 117
Chai-Gewürz 82, 175
Champignons 67
Chilischote 14
Chocolate Chunks 133
Cider 117
Cointreau 193
Cranberrys 29, 82, 93, 103,
    153, 183, 189, 194
Crème fraîche 20

D

Dijonsenf 30

E

Eierlikör 108
Espresso 130, 137
Estragon 63

F

Feigen 50, 71, 85
Feldsalat 53
Feta 20
Filoteig 47

Fisch

    Forelle 57
    Garnelen 50
    Lachs 23

Schattenmorellen 121

Fleisch

    Barbarie-Entenbrüste 63
    Hähnchen 29
    Parmaschinken 53
    Rinderfond 35, 67
    Rind 35, 67
    Speck 35, 47, 67

Frischkäse
    20, 33, 47, 57, 90, 108
Früchtemischung 153

G

Gelierzucker 137
Gelatine 103, 121, 145
Gewürzgurken 35
Gingerbeer 190
Glühwein 103

Granatapfel 20, 82, 85, 193
Grapefruitsaft 194

H

Haferflocken 118, 140
Hagebuttenkonfitüre 175
Hagelzucker 89
Haselnusskerne 71, 81, 93, 117,
    140, 158, 172, 173
Himbeeren 85
Honig 13, 17, 20, 29, 53, 57,
    63, 111, 121, 140, 145, 180,
    183, 184

I

Ingwer 10, 111, 121, 134, 161,
    180, 189, 194

J

Joghurt 33

K

Kakaopulver 78, 81, 103, 112,
    130, 133, 145, 173
Kartoffeln 13, 23, 47, 57, 67
Kirschwasser 103
Kokosmilch 10, 193
Kokosöl 140
Kokosraspel 90, 193

Kürbis

    Butternut-Kürbis 14, 20
    Hokkaido-Kürbis 71
    Kürbiskerne 53
    Kürbispüree 71

Kuvertüre 82, 162, 168, 169

L

Lauch 35, 67
Lebkuchen 90
Leinsamen 140
Limette 20, 134, 190, 194
Lorbeerblätter 13, 35, 47, 63, 67

M

Mandeln 10, 57, 85, 99,
    153, 158, 168, 169, 172
Maronen 17, 50
Marshmallows 133
Marzipan 117, 121, 153, 158, 169
Minze 85, 112
Mohnsamen 108
Möhren 10, 14, 35, 57, 67

N

Nougat 93
Nüsse 20, 140

O

Orange 20, 29, 44, 47, 50, 53,
    63, 82, 90, 108, 112, 117,
    153, 169, 180, 183, 189
Orangeat 153, 158
Orangenlikör 63, 183
Orangensaft 137, 183, 193

P

Panko-Semmelbrösel 23
Parmesan 50, 71
Pastinaken 57
Pekannüsse 23
Petersilie 20, 23, 44, 50, 57, 63
Pflaumen 47
Pimentkörner 35, 63
Pinienkerne 35

Pistazien 13, 111, 162
Polenta 14
Portwein 121
Preiselbeerkonfitüre 53, 63
Prosecco 189
Pumpernickel 117

Q

Quark 85, 99

R

Ricotta 71
Rosinen 57, 117, 153
Rosmarin 17, 23, 29, 35, 57, 67,
    71, 90, 93, 103, 184, 194
Rotkohl 63
Rotwein 35, 63, 67, 118, 183
Rotweinessig 53, 63
Rucola 33

S

Sahne 13, 47, 50, 85, 90, 93,
    103, 111, 112, 117, 121,
    130, 173
Sahnestandmittel 93, 103
Salbei 14, 29
Sauerkirschen 103, 153
Schalotten 10, 29, 67
Schokolade 78, 81, 90, 112,
    130, 168
Schwarzwurzeln 47
Sellerie 14, 35
Semmelbrösel 99
Semola 71
Senf 35
Sesamsamen 13
Spekulatius-Kekse 90
Süßkartoffel 10, 29, 82

T

Thymian 14, 33, 57, 63, 67, 189
Tomatenmark 14, 35
Tomatenpolpa 14
Tonkabohne 90, 121, 140, 153

V

Vanille 82, 85, 108, 111, 153,
    162, 172

W

Walnusskerne 44, 53, 82
Weichweizengrieß 111
Weißwein 50, 180
Weißweinessig 85
Weizenbrötchen 63
Wirsing 14
Wodka 190

Z

Ziegenfrischkäse 44, 47
Zimtstange 35, 90, 111, 118,
    121, 137, 183, 184, 190
Zitronat 158
Zitrone 13, 14, 23, 47, 57, 63,
    118, 134, 153, 161, 180,
    183, 184
Zitronensaft 57, 161, 172
Zuckerkonfetti/-perlen 78

Das Team

WIR SIND MADELEINE UND FLO.

Kuchenjunkies und Essensliebhaber aus der Nähe von Augsburg. Seit 2014 teilen wir nicht nur unser Leben, sondern auch unsere Leidenschaften miteinander: das Kochen und die Fotografie. Beides hat über die Jahre einen großen Stellenwert in unserem Leben eingenommen. Wir sind Genussmenschen durch und durch; verzichten für ein gemeinsames Dinner gerne auf Sport und lieben gutes Essen, ganz einfach weil es uns glücklich macht.

Müssten wir unseren Koch- und Backstil beschreiben, dann würden wir ihn vermutlich als einfach und ehrlich bezeichnen. Denn wir lieben die Gerichte, die mit einfachen Zutaten auskommen - die ehrlich sind, weil sie auf Geschmacksverstärker, Pülverchen oder versteckte Zusatzstoffe verzichten. Foodtrends halten in unserer Küche nur selten Einzug. Wir probieren gerne Neues aus, hören aber am liebsten auf unser Bauchgefühl. Letzteres hat uns in den vergangenen Jahren mehr und mehr zu saisonalen und regionalen Produkten geführt.

Samstags trifft man uns in der Regel auf einem kleinen Wochenmarkt in der Kleinstadt, in der wir leben. Dort decken wir uns mit frischem Obst, Gemüse und Fleisch aus der Region ein. Wir stöbern gerne durch Feinkostläden, stecken unsere Nasen in frisch gedruckte Bücher und verbringen, sooft es geht, Zeit in der Natur. Meeresrauschen und Bergpanorama erfüllen uns mit Ruhe, Glück und Zuversicht. An der frischen Luft tanken wir neue Energie und sammeln Ideen, die später ein Stück weit in neue Rezepte und Bilder einfließen. Seit 2014 betreiben wir gemeinsam den Foodblog „Das Backstübchen", auf dem wir uns kreativ ausleben können. Er ermöglicht uns, unsere Journalismus-Ausbildung mit unseren Leidenschaften zu verbinden. 2018 wurden wir in der Kategorie „Backen" mit einem Foodblog-Award ausgezeichnet und gehörten 2018 und 2020 zur Top 10 der besten deutschsprachigen Foodblogs.

CHRISTINE SCHLITT

Christine Schlitt studierte Germanistik, Musikwissenschaft und Kunstgeschichte und arbeitet als freie Autorin und Lektorin für Verlage in Deutschland und Österreich mit den Schwerpunkten Kochen, DIY, Lifestyle sowie Kinder- und Jugendsachbuch.

ANDREA HÖGERLE

Andrea Högerle studierte Grafik-Design in Pforzheim. Ihre Faszination für England führte sie an die Universität nach Leeds, wo sie ihr Studium beendete. Nach Stationen in den Niederlanden gründete sie gemeinsam mit ihrem Partner, Simon Jefferson, eine Agentur für Visuelle Kommunikation in Köln.

Danke

Auch wenn unsere Namen ganz vorne auf dem Cover stehen – wir sind nicht die Einzigen, die an diesem besonderen Buch mitgearbeitet haben. Wir möchten uns daher bei all denjenigen bedanken, die uns in der Zeit der Buchproduktion unterstützt haben. Ein großer Dank gilt auch Anna Louisa Duckwitz und dem ganzen Hölker Verlag, die es uns ermöglicht haben, dieses Buch umzusetzen.

Wir möchten uns ganz besonders bei unseren Familien bedanken. Ohne ihre Unterstützung wäre es nicht möglich gewesen, dieses Buchprojekt umzusetzen. Ebenso bei Markus Hummel, der uns bei den Backrezepten, und Marko Petz, der uns als Fotograf unterstützt hat.

Ein besonderer Dank gilt zu guter Letzt unserer Tochter Frida. Du bist ein wichtiger Grund, warum wir dieses Projekt angenommen haben. Wir werden dieses besondere Weihnachten für immer in Erinnerung behalten.

Impressum

5 4 3 2 1   27 26 25 24 23

ISBN 978-3-7567-1005-8

S. 18/19: Otfried Preußler, *Der Maronimann*
Aus: Otfried Preußler, Die kleine Hexe.
Mit Illustrationen von Winnie Gebhardt und
Mathias Weber. © 1957, 2017 Thienemann Verlag in
der Thienemann-Esslinger Verlag GmbH, Stuttgart

S. 156/157: Barbara Pronnet, *Der Weihnachtsteller*
© bei der Autorin

Idee und Konzept: Hölker Verlag
Rezeptentwicklung, Foodstyling und Foodfotografie:
Madeleine und Florian Ankner,
www.dasbackstuebchen.de
Lektorat: Dr. Christine Schlitt
Illustrationen: Sara Vidal Peiró
Layout und Satz: Jefferson & Högerle
Redaktion: Anna Louisa Duckwitz
Herstellung: Dana Günther
Litho: FSM Premedia GmbH & Co. KG, Münster

© 2023 Hölker Verlag
in der Coppenrath Verlag GmbH & Co. KG,
Hafenweg 30, 48155 Münster, Germany

www.hoelker-verlag.de

Für mehr Rezepte, Inspirationen und Einblicke
aus dem Verlag folgen Sie auch unserem
Instagram-Kanal: @hoelkerverlag